名人传

忽必烈
纵马驰中原

李宜庭 著　　庄河源 绘

人民文学出版社
PEOPLE'S LITERATURE PUBLISHING HOUSE

著作权合同登记:图字 01‐2022‐5199 号

©三民书局股份有限公司
本著作中文简体字版由三民书局股份有限公司授权上海九久读书人文化实业有限公司与人民文学出版社在中国大陆(台湾、香港、澳门地区除外)独家出版。

图书在版编目(CIP)数据

忽必烈:纵马驰中原/李宜庭著;庄河源绘. —
北京:人民文学出版社,2018(2024.11 重印)
(名人传)
ISBN 978-7-02-014291-0

Ⅰ. ①忽⋯ Ⅱ. ①李⋯ ②庄⋯ Ⅲ. ①忽必烈(1215—1294)-传记 Ⅳ. ①K827 = 47

中国版本图书馆 CIP 数据核字(2018)第 103675 号

| 责任编辑 | 李　娜　杨　芹 |
| 装帧设计 | 汪佳诗 |

出版发行	人民文学出版社
社　　址	北京市朝内大街 166 号
邮政编码	100705
印　　制	山东新华印务有限公司
经　　销	全国新华书店等
字　　数	67 千字
开　　本	890 毫米×1240 毫米　1/32
印　　张	4.5
版　　次	2018 年 8 月北京第 1 版
印　　次	2024 年 11 月第 3 次印刷
书　　号	978-7-02-014291-0
定　　价	35.00 元

如有印装质量问题,请与本社图书销售中心调换。电话:010‐65233595

序

不论世界如何演变，科技如何发达，但凡养成了阅读习惯，这将是一生中享用不尽的财富。

三民书局的刘振强董事长，想必也是一位深信读书是人生最大财富的人，在读书人数往下滑落的多元化时代，他仍然坚信读书的重要性。刘董事长也时常感念，在他困苦贫穷的青少年时期，是书使他坚强向上；在社会普遍困苦、生活简陋的年代，也是书成了他最好的良伴。他希望在他的有生之年，分享这份资产，让其他读者可以充分使用。

"名人传"系列规划出版有关文学、艺术、人文、政治与科学等各行各业有贡献的人物故事，邀请各领域专业的学者、作家同心协力编写，费时多年，分梯次出版。在越来越多元化的世界中，每个人都有各自的才华与潜力，每个朝代也都有其可歌可泣的故事，但是在故事背后所具有的一个共同点，就是每个传记主人公在困苦中不屈不挠的经历，这些经历经由各位作者用心查阅有关资料，再三推敲求证，再以文学之笔，写出了有趣而感人的故事。

西谚有云：世界因有各式各样不同的人，才更加多彩多姿。这套书就是以"人"的故事为主旨，不刻意美化主人公，以他们的生活经历为主轴，深入描写他们成长的环境、家庭教育与童年生活，深入探索是什么因素造成了他们的与众不同，是什么力量驱动了他们锲而不舍地前行。以日常生活中的小故事来描写出这些人为什么能使梦想成真，尤其在阅读这些作品时，能于心领神会中得到灵感。

和一般从外文翻译出来的伟人传记所不同的是，此套书的特色是由熟悉文学的作者用心收集资料，将知识融入有趣的故事，并以文学之笔，深入浅出写出适合大多数人阅读的人物传记。在探讨每位人物的内在心理因素之余，也希望读者从阅读中激励出个人内在的潜力和梦想。我相信每个人都会发呆做梦，当你发呆和做梦的同时，书是你最私密的好友。在阅读中，没有批判和讥讽，却可随书中的主人公海阔天空一起遨游，或狂想或计划，而成为心灵

知交。不仅留下从阅读中得到的神交良伴（一个回忆），如果能家人共读，读后一起讨论，绵绵相传，留下共同回忆，何尝不是一派幸福的场景！

谨以此套"名人传"丛书送给所有爱读书的人。你们都是世界上最幸福的人，因为一直有书为伴，与爱同行。

目 录

1. 苍狼白鹿的骄傲 ………………… 1
   马背大汗的不祥梦兆 …………… 1
   多头蛇故事上演了 ……………… 12
2. 初生之犊不畏虎 ………………… 16
   忽必烈的许多贵人 ……………… 16
   一生钟爱的伴侣 ………………… 24
   兄弟的灭宋大梦 ………………… 31
   与南宋第一次交锋 ……………… 39
   大风吹——汗位谁来坐? ……… 59
3. 南宋夕照 ………………………… 67
   摇摇晃晃的汗位 ………………… 67
   信心危机——汉人能不能相信? … 84
   与南宋第二次交锋 ……………… 92
   与南宋第三次交锋 ……………… 103
   最后交锋——崖山之役 ………… 111
4. 不肯歇息的马蹄 ………………… 115
   元朝的光明与黑暗 ……………… 115
   最深刻的悲痛 …………………… 121
   再度披上战袍 …………………… 123
   留与后人说 ……………………… 127
   忽必烈小档案 …………………… 130

名人传

忽必烈

1215—1294

1. 苍狼白鹿的骄傲

马背大汗的不祥梦兆

大草原一向是安静的,可是今天,空气中弥漫着一丝异样。

小小的忽必烈此时正与兄弟旭烈兀扭打着,一如往常玩着蒙古人的摔跤。这几天总觉得大人都有些不同,可问了半天,母亲总是敷衍过去,慈爱地摸着他的头而不发一语。

"来了!来了!"

正当两人扭打成一团时,突然听到周围有了窸窸窣窣的声音,隐隐约约有了骚动,忽必烈抬头向四周看看,母亲正从斡耳朵① 出来,而周围也陆续围了许多人。

---

① 斡耳朵就是蒙古的"宫帐",也就是大汗、亲王居住的"游牧王府"。

"怎么了？"兄弟两人你看看我，我看看你，一脸的疑惑。

"娘……"忽必烈向母亲跑去，母亲紧紧搂着他。突然，忽必烈觉得好痛喔！"娘……"他抬头看看，只觉得母亲愈来愈用力地紧抱着他，十二岁的他知道发生坏事情了。

远方传来了"轰隆轰隆"的声音，似乎有好多好多人正朝这里赶来，可是除了马儿嗒嗒的脚步声，却听不到任何说话的声音，云不再流动，风不再吹拂，空气紧紧凝固了！

远眺草原的尽头，十二头牛拉着一架双轮车缓缓走来，上面安放着一具黄金棺柩。

成吉思汗——草原上的霸主——竟然倒下了！

人们总以为成吉思汗是永恒的。然而，在六十五年的奔波之后，他还是倒下了，从西夏回到了属于他的大草原。这年，忽必烈十二岁。

※　　　※　　　※

许多年以前，在北方很冷的地方，有一群人自称是

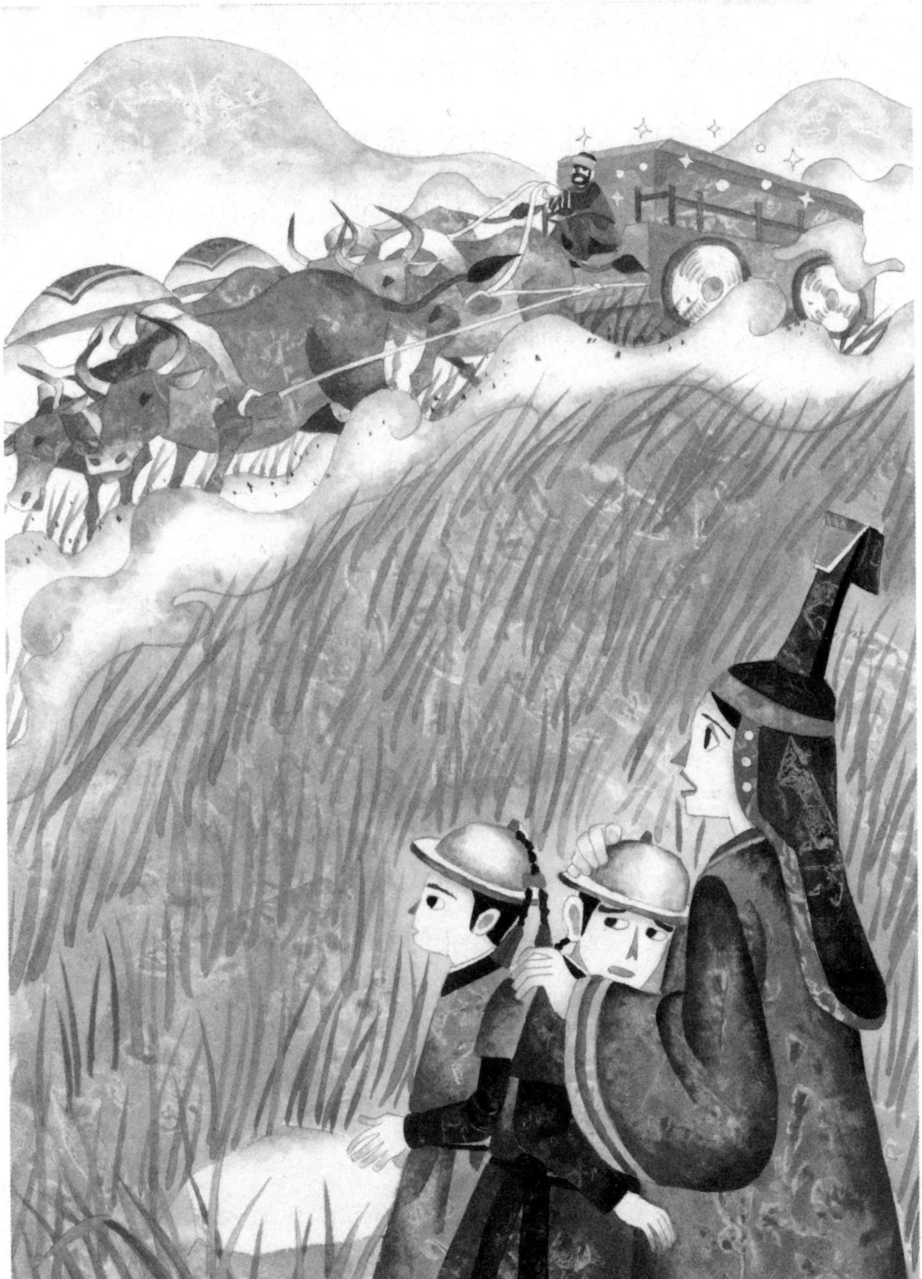

"苍狼""白鹿"的后代。他们的祖先是孛儿铁赤那，也就是英勇的"苍狼"，他美丽的妻子豁埃马阑勒，就是优雅的"白鹿"，从唐朝开始就居住在斡难河源头的山中，成了蒙古族的祖先。

在这广阔的蒙古草原上，苍狼与白鹿的子孙依靠游牧为生①，赶着他们的羊群、牛群、马群四处流浪，彼此间为了新鲜的牧草常常发生争夺，直到铁木真（1162—1227年）的出现。

"铁木真"的蒙古语意思是"最好的铁"，他原来只是一个小小的部族长，在1189年被推举为蒙古乞颜部的大汗。

由于铁木真的父亲也速该被塔塔尔部族所毒杀，因此铁木真小时候十分穷苦，母亲就在河畔采野果、野葱、野韭菜养活他与其他兄弟。三十年的时间内，他展现了自己的才能，统一了蒙古草原上的部族，成为大家所共同拥戴的"大汗"，后来被正式尊称为"成吉思汗"，那年是

---

① 蒙古人居住在草原上，为了放牧就必须按季节游走四方，逐水草而居。

1206年。

　　成吉思汗的一生就是征战的代名词，许多蒙古牧人家中都有他的画像。他将一盘散沙的游牧人团结成了强悍的草原雄狮，为整个草原带来了财富和光荣，所以他是蒙古牧民心中的偶像。

　　但是，成吉思汗终究是个凡人，敌不过时间的流逝。他即将迈入六十岁了。

※　　　　※　　　　※

　　"啊……"千千万万的人冲了过来，成吉思汗站在一座空城中央，突然间，他听到了凄厉的呼喊声，接着，数以万计的男人、女人、老人，甚至是小孩全都向他扑了过来。定神一看，他不禁退了一步，倒抽一口气，这些人……这些人都是红色的！全身沾满了鲜血，有些没有了手，有些没有了脚，甚至有些没有了头，都向他扑了过来。"哇！"又是一阵凄厉的喊声……

　　"啊……不要过来……离我远一点……啊……"成吉思汗不禁大声吼了出来。他惊醒了，看看四周熟悉的一切，摸摸熟悉的床，夜还是这么的宁静，原来是一场梦，叱咤草原、不知害怕的马背大汗胆怯了，这夜他辗转反侧，脑中尽是被他屠灭的城池、尸体。

"唉！"一声叹息，老人知道了他的命运，领悟了长生天①给他的启示。他缓缓踏出帐外，仰望着平静的天，思索着蒙古草原的将来。

他想起了那个故事——那个流传了好多好多年的故事：

"一个夜晚，天气十分寒冷，为了御寒，一条多头蛇的几个头都想赶快缩进洞中，进入温暖的窝里。但是洞实在太小了，一个头进去了，其他的头就反对它，将它轰出去，另一个头挤进去了，其他的头又赶忙将它拉出来。几个头彼此争吵不休，花了许多时间都不肯妥协，结果，这条多头蛇就冻死了。而就在旁边不远处，另一条一个头的蛇早已爬进洞中，找好了舒服又温暖的安顿之处，抵抗住了严寒。"

---

① 蒙古人相信长生天是主宰一切的最高神。

这是多头蛇的悲剧。

隔天,成吉思汗召开了一次金帐大会,他的大臣与四个孩子端坐着。

成吉思汗坐在龙椅上,向他的大将们说:"在将来的某一天,长生天必会将我召唤而去。"

说罢,他的目光转为严厉,缓缓扫过众将,最后不动声色地落在术赤身上。

"术赤,你是长子,你怎么说?"

"我们不能让一个杂种管理。"术赤还未说话,次子察合台已经往前踏上一步,大声说道。

原来术赤虽是长子,但有传言说他并非成吉思汗亲生。当年成吉思汗尚未称霸时,妻子孛儿帖被篾儿乞族人抢去,后来夺回时,孛儿帖已经怀了术赤,但成吉思汗不以为意,仍然把他当成亲生孩子般疼爱。

瞬间,术赤像花豹一样扑了上去,揪住察合台的衣领,高声叫道:"父汗在和我说话,你有什么资格插嘴?父汗从不把我当成外人,你凭什么排挤我?你比我强吗?不然,咱们就来比试一下!我比箭若败,就把我的大拇指

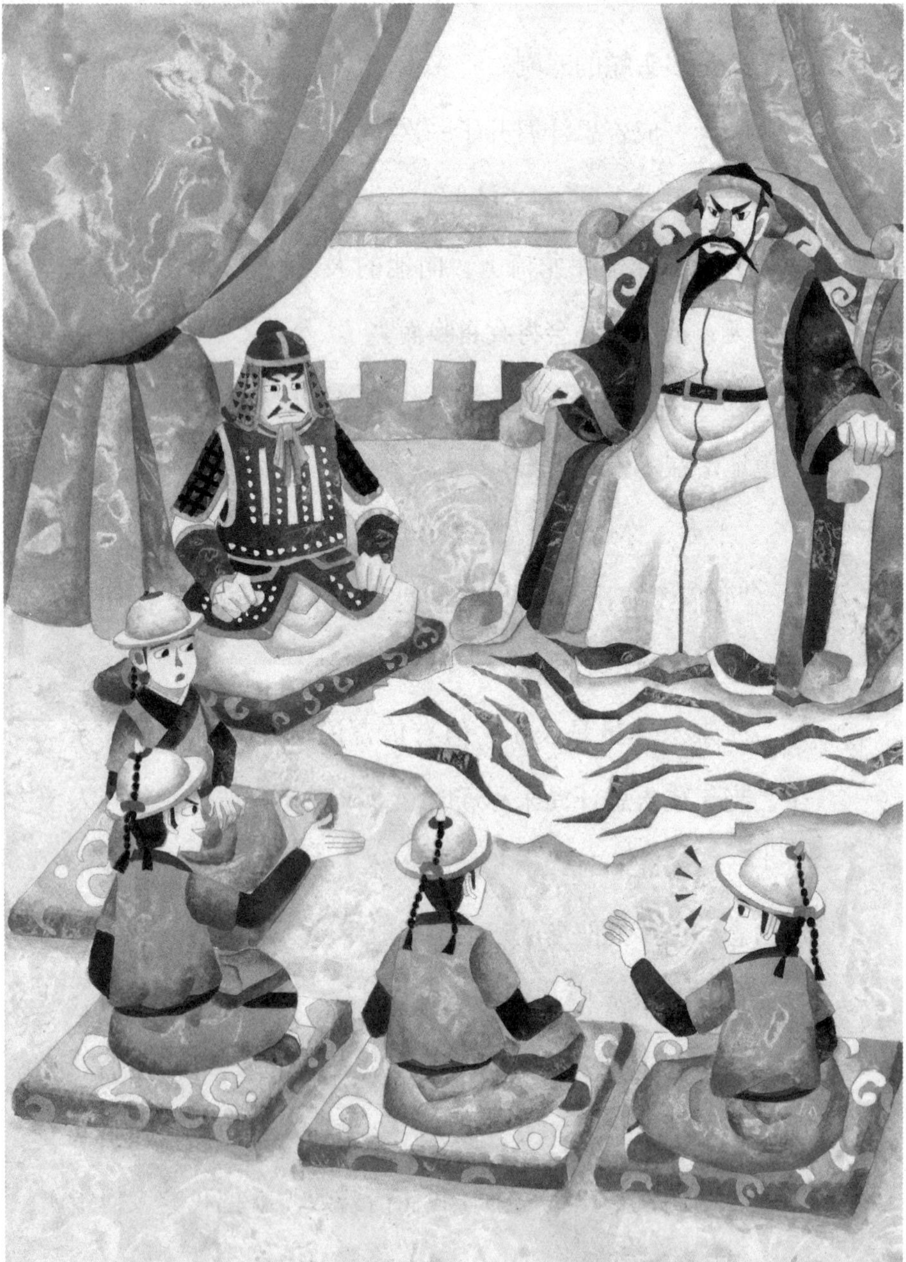

割掉，比武若输，我就倒在地上永不起来。"说着双臂一振，咔嚓一声，将察合台的衣襟撕成两片。

察合台也是个暴躁的孩子，不甘示弱，他也回手抓住术赤的衣襟高声叫道："请父汗降旨！让我们决斗！"

成吉思汗的目光投向远方，似乎完全没有看见。

大汗的老战友木华黎看不过去，上前硬生生地把术赤和察合台二人分开。本来这是大汗的家务事，木华黎是不想插手的，可是看着他们兄弟两人，他哽咽地开口了："我是看着你们长大的，当初你们的母亲辛辛苦苦照顾你们，不让你们受到一丝丝伤害。现在呢？你们长大了，就忘了母亲的辛劳吗？就将兄弟之情都抛在脑后？别忘了，你们都是孛儿帖的儿子啊！"

人人静默，术赤和察合台也低下了头。

这时，成吉思汗才缓缓地说道："术赤是我的大儿子，察合台你怎可如此对待哥哥？以后绝对不可再犯。"

"是的，父汗。"察合台低声应道，"儿臣认为当大汗必须靠才识，在兄弟之中，窝阔台最有资格了，我和术赤都空有武勇，请窝阔台继承汗位吧！他仁慈大度，才大心细，我愿意忠心辅佐。"

"术赤你怎么说？"成吉思汗问道。

事已至此，术赤知汗位无望，又知窝阔台为人良善，与他自小和睦，遂朗声说道："就依察合台所言，我真心拥护窝阔台。"

成吉思汗笑了，其实他心中早有了人选——三子窝阔台。他知道长子术赤与察合台有嫌隙，加上在血统上流言籍籍，不是合适人选；次子察合台生性暴烈，适合征战，却无法治理国家；拖雷，是他最疼爱的幼子，为人谦逊有礼，人缘很好，最得成吉思汗的欣赏，但是他温和的个性是无法制住三位哥哥和众多宗室的。只有三子窝阔台了，他不是最勇猛的，却是最聪明的，从小就足智多谋、处事冷静，有大将之风，加上有善于交际的手腕，也能使上下和睦、兄弟团结。

"好，你们都是我的好儿子！"成吉思汗捋须微笑，"我们还有广大的世界要征服，有广大的土地等着你们去统治。你们会有自己的土地和百姓，但一定要敬奉窝阔台大汗，不容违背。"

说完，他望向窝阔台。

窝阔台神色严肃地踏前一步，躬身行礼："这一切都是父汗的恩赐，我将按着大汗的旨意去做。"

拖雷是成吉思汗最喜爱的幼子，依照习俗，是不能继承汗位的，此时他也向前一步开心地说道："我愿意永远守卫在窝阔台身边，征战四方！"

"很好，"成吉思汗收起笑脸，严肃宣布，"传旨天下，立窝阔台为蒙古大汗的继承人！"

帐内帐外一片欢呼。

金帐会议几年后，成吉思汗果真倒下了，1227年农历七月十二日，人类史上征服最多领土的霸主，病死在征讨西夏的前线营帐中。

替成吉思汗守着家乡的幺儿拖雷立刻召开了忽里台大会[1]，大家依照着成吉思汗的遗言，推举窝阔台为大汗。

依照蒙古的习惯，当父亲出外征战时，都由幼子留在家乡"守灶"。也就是由最小的儿子在家乡守着父亲的基

---

[1] 忽里台，蒙古选举大汗的制度。

业，而由与父亲一同征战的大儿子继承汗位，并将征战得来的土地、财产平分给其他继承者，由此来平衡各继承者间的权力关系。

然而这次不同，成吉思汗虽然于生前就指定了继承人，但却违反了传统的长子继承制度。从此，埋下了兄弟阋墙、宗亲内讧的种子了。

多头蛇的故事就在蒙古的历史中一再上演……

多头蛇故事上演了

窝阔台即汗位之后，他的战马向着东、南、西奔驰，使蒙古的势力范围不断扩大。

此时，蒙古已拥有淮水以北之地，窝阔台不仅派了军队驻扎，还进行了人口调查，并派耶律楚材建立税制。为了巩固其统治，还发行了类似纸币的"交钞"，也在全国设立了"站赤"的驿传制度，让蒙古草原有了信息联结的网络。

另外，窝阔台最重要的政绩，是解决了伤脑筋的缺水问题。他积极地凿井，让大家不再忧愁无水可用，使草原的生活更加容易了！①

当了大汗后，窝阔台固然高兴，但是每次朝会时，所有臣子抢着发言，一点秩序都没有，大家或站或坐乱成一团，还有人跟他吵架呢！

窝阔台虽然对于汉人学者并没有多少好感，但是对一些汉人皇帝的威仪也有所耳闻。于是，他也想试试看："那我也来试着当当汉人那种威风的皇帝好了！只是……这该怎么做呢？"他开始询问当时在蒙古的汉人学者们。

首先，他制定了蒙古的"朝仪"②。

话说有一天一大早，窝阔台的大臣们照样进入了议事的场所，只见大汗十分得意地看着一张写满字的纸。不久，窝阔台身旁的亲信臣子清了清喉咙："咳……咳……大汗有令，为了使蒙古也有礼制，特别制定了各

---

① 其实，蒙古缺水并不是因为没有湖泊。蒙古的西北部有很多湖泊，北方的贝加尔湖还是世界上蓄水量最大的淡水湖呢！不过，可惜的是，蒙古的湖泊虽然很多、很大，但位于边缘地区，在蒙古中央，只剩下比较小的川流河道，多半在雪融的季节才会有丰沛的潺潺流水。
② 朝仪：指臣子觐见帝王时应该有的各种礼节，如怎么叩拜、如何着服一类的规定。

种'朝仪',以后大臣们面见大汗时必须行礼,细节如下……"

大臣们听得面面相觑,只觉得丈二金刚摸不着头脑。但是从第二天起,这项觐见的仪式就开始严格执行了。

其次,窝阔台不再住在帐篷中,他盖了蒙古第一座皇宫——万安宫,仿造南宋宫殿建造,规模宏伟,富丽堂皇,并不输给南宋的皇宫喔!但是奢华的生活、豪饮的习惯却让他生病了,1241年农历十一月,他在睡梦中与世长辞,在位只有十三年。

之后,经过了一番波折,他的长子贵由于1246年才继位。但仅仅三年,贵由也因重病驾崩了!

于是,又到了召开金帐选汗大会的时候……

因为贵由大汗的辞世实在太突然,还来不及安排下一任接位者,于是,继任的人选又难产了!

这时,拖雷聪明的妻子唆鲁禾帖尼以拖雷系家长的身份当机立断,决定参与汗位的争夺。她与成吉思汗长子术赤的孙子拔都结盟,并在忽里台大会上一同拥戴了拖雷家族长子蒙哥。于是,1251年,蒙哥登上汗位,在这之后,拖雷家族就成为蒙古草原的大家长了！唆鲁禾帖尼也替次子忽必烈铺好了未来的大汗之路。

故事说到这里，我们的主角忽必烈终于要登场了。

2. 初生之犊不畏虎

忽必烈的许多贵人

成吉思汗对忽必烈而言，是个大英雄！

1215 年，拖雷之子忽必烈出生时，成吉思汗看着哇哇大哭的小娃儿，非常得意："皮肤黝黑、满脸红光，真不愧是我的孙子啊！哈哈哈！"

忽必烈还记得九岁那年的农历九月，草原上各种生命繁盛、滋长，一年一度的狩猎大会①即将展开！

夏秋之交是游牧民族的重要季节，初秋的草原渐渐开始改变颜色，一天天由绿而黄，于是牧人们忙着赶牲口，希望牲畜能多吃一些青草，长得肥一些、壮一些，从而能

---

① 这是重要的狩猎行动。蒙古族男子个个身强体健，在战场上屡战屡胜，也都是狩猎训练的结果！

安然应付严冬的考验。所以此时秋高马肥,是游牧民族发动战争的好时机,也是最好的狩猎时期。

自从忽必烈听到狩猎大会这个好消息,开心了整整一个月,每天跟着母亲问东问西:"娘,什么时候去打猎?我们要准备什么啊?"整天挂在嘴边的都是"打猎"。

依照蒙古人的习俗,男儿必须拥有"草原三技":骑马、摔跤、射箭。这是蒙古男性传统的三项生活技能,也是牧人的娱乐。每次的狩猎大会除了是种运动之外,更成了展现技艺的最佳时刻。男子们无不拿出看家本领,只为在大汗面前争一口气,借此在军队中获得擢升。

忽必烈个子十分矮小,从小就被同年龄的孩子嘲笑,不过,这次的狩猎可让大家刮目相看了!他一出手就射杀了一只大兔子,并依照蒙古人的习俗,将第一次打猎的收获奉献给大汗!

在众人的围观之下,成吉思汗得意地伸出了他的双手,忽必烈紧抓着爷爷厚实的大手掌,依习俗将兔子的鲜血涂在爷爷的手指上。从此,每当自己征战四方时,他总是不自觉地摩擦着双手,想着爷爷那双温暖的大手,希望

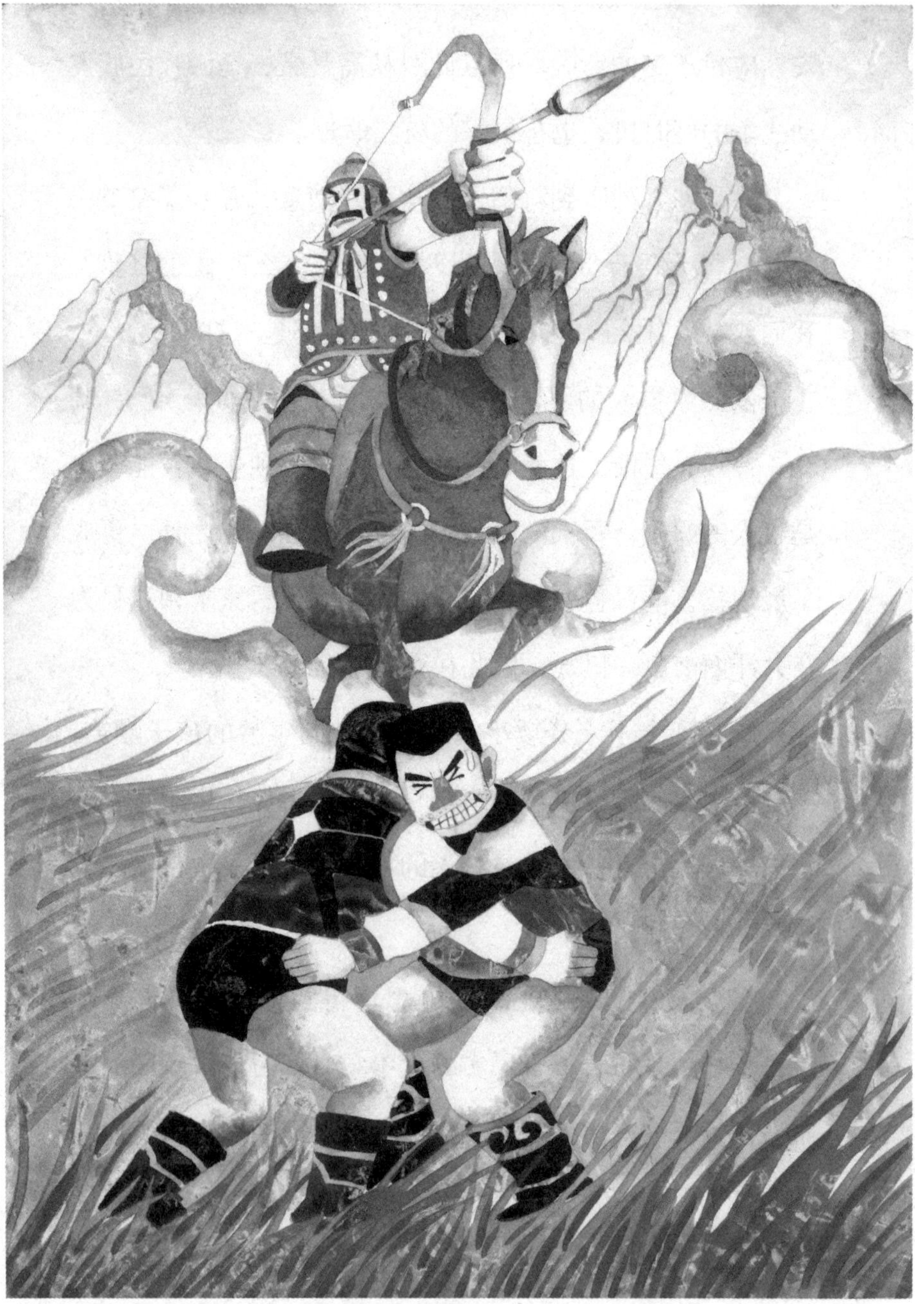

能得到一些勇气与力量。

而父亲拖雷与母亲唆鲁禾帖尼，对忽必烈有着更深刻的影响，宽厚的父亲、聪慧的母亲造就了不平凡的忽必烈。

拖雷死时，忽必烈还只是个十来岁的孩子。从此，唆鲁禾帖尼身兼父职，是个慈母，也是个严师。

虽然托雷才过世，但由于窝阔台对唆鲁禾帖尼十分欣赏，便积极地想将她许配给自己的大儿子贵由，也就是拖雷的亲侄子。经过了一番抗争后，窝阔台才放弃。① 但是，唆鲁禾帖尼深知自己与孩子必须仰赖窝阔台汗才能存活，因此她对于大汗始终十分恭顺，并向大汗要求一块地，带着孩子们在此独立生活。

忽必烈年岁渐长，二十一岁那年，唆鲁禾帖尼再次向窝阔台请求："大汗，我的孩子也就是您的侄子——忽必烈也渐渐长大了，他需要一个施展才能的机会，请大汗垂

---

① 蒙古有妇女再嫁的习俗。由于游牧民族的生活十分不易，很需要男子的狩猎行动，于是一名男子死后，所留下的遗孀通常会与丈夫家族中其他的男子成婚。其本意是借此保障孤儿寡母的生活，也使家族的关系更紧密，但后来会有不管女子本人是否愿意而以此理由逼婚的情况。

19

爱于他！"于是，窝阔台给了他一块新的土地"新州"。不同于传统的游牧生活，这是块农耕地，约有一万户人家，这是忽必烈第一次有了自己的土地。在母亲的用心栽培下，他第一次展现治理的长才，学到了如何治理非游牧的农耕区，为将来的大业做好准备。

另外，母亲对于外来文化的包容与接受，也对忽必烈有深厚的影响。

成吉思汗有个博学多闻又仁厚爱民的臣子——契丹族人耶律楚材。据说，在耶律楚材还是孩子的时候，算命师就预言他以后会为异族效力，后来他果然成为蒙古第一任中书令。

耶律楚材擅长天文、历法。他是个仁厚的人，曾公开反对成吉思汗的屠城政策，认为如果把百姓都屠杀殆尽，那么只是得到了一块土地，却没有百姓做他的治下臣民，又有什么意义呢？他就是用这样的仁厚襟怀辅助着成吉思汗与忽必烈，耶律楚材可说是忽必烈的启蒙老师。

可是随着年纪渐长，忽必烈希望能找到更多的老师，学习更多的知识，于是对母亲说："娘，我听耶律楚材说汉人很聪明呢，我可以和汉人来往吗？"

"当然可以啊，你尽管放心地去求教！"

"真的吗？真的可以吗？"忽必烈喜出望外地拉着母亲转啊转，开心地咯咯笑着！

"好了好了，放开我！当然可以啊，跟聪明的老师学习才能成为有成就的聪明人。"母亲无限爱怜地摸摸忽必烈，她相信总有一天，"忽必烈"这三个字将被天下人所熟知。

其实，唆鲁禾帖尼对汉人的包容是非常难得的。当时的蒙古人十分排斥汉人。成吉思汗曾对汉人学者有着佩服之情，于是找来丘处机到他的金帐中谈论学问。只是丘处机说来讲去，总是"仁义道德"那一套，让他听都听烦了。

但是唆鲁禾帖尼并不轻视汉人的那一套！因此，忽必烈身边有了许多亲近的汉人策士，而他对他们的建议也都十分喜欢！

许衡，就是忽必烈身边一位重要的汉人谋士。年轻时他曾与人在炎热的夏天旅行，走了大半天，又累又渴。忽然，有人发现，远处山边的树上长满了梨子，于是大伙加快脚步来到树下抢着摘采，许衡却只在树下休息，同行的人都奇怪地问道："你为什么不吃个梨子解渴呢？"许衡说："这梨树的主人不在，怎好擅自动人家的东西？"听了许衡的话，有人笑道："河阳一带久经战乱，如今连个人影都没有，这梨树的主人恐怕也不在人世了。"许衡说道："梨树无主，但我心有主，岂可妄行？"他忍着饥渴，始终没有吃一个梨子。这就是"严以律己"的许衡。

又如姚枢，生于洛阳，在窝阔台汗时就曾经当官，但因为看不下去身边一些官吏的贪污行径，就辞官退隐了！当他的好友窦默邀他一同为忽必烈效力时，他爽快地答应了，他认为忽必烈是个帝王之才，而且忽必烈对于汉文化的重视和喜爱，更是让姚枢感动，于是，他成了日后忽必烈不可缺少的左右手！

忽必烈是个善于识人的伯乐，而且不论身份、部族，唯才是用！因此还有如廉希宪、王文统等才德兼备者都乐于效力，这些人都成为忽必烈成就大业的重要推手！

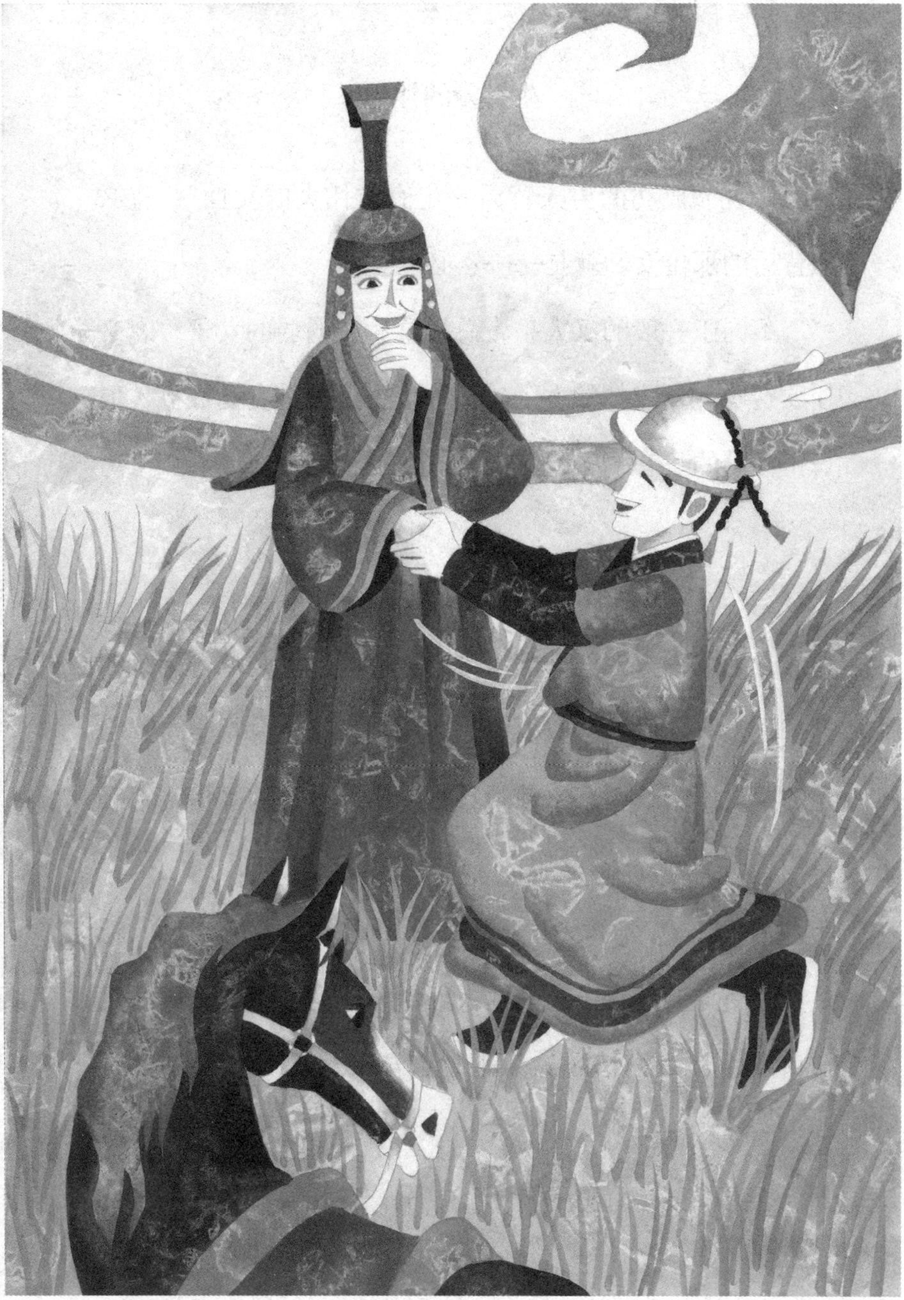

一生钟爱的伴侣

话说"成功的男人背后一定有位伟大的女性",忽必烈背后的那位女性就是——察必。

不同于一般的汉人皇帝总喜欢娇娇弱弱的女子,忽必烈欣赏聪慧、成熟的女子,他一生中虽也是妻妾成群,但真正钟爱的只有察必。

※　　　　※　　　　※

身为蒙古人的忽必烈十分喜欢射箭。但是蒙古传统的帽子是没有前檐的,只要是大太阳的日子,总是会受到阳光的照射而影响视线,使得猎物不丰,对这件事情,忽必烈一直耿耿于怀!

"大汗,怎么了?太阳又捣蛋了吗?"

每当狩猎的日子,只要大汗回来后满脸怒容,察必就知道发生什么事情了!为了替大汗分忧解劳,察必思索着……

这天,又是打猎的日子。一早,忽必烈看看外头,阳光普照，这使得他忧心忡忡。狩猎对于蒙古男子是重要的考验，成绩不好是很没有面子的。

"唉！"他不禁叹了口气。

"怎么了？天气很好啊，很适合狩猎呢！"察必关心地问着。

忽必烈却高兴不起来。"是吗？今天本来是为了替上次的狩猎扳回一点面子，可是，太阳这么大，只怕……唉！"在察必面前，忽必烈一点架子都没有，就像是个撒娇的孩子。

察必不理他，自顾自地说着："好了，时间差不多了，该准备了！"

"是！"忽必烈看看笑得满脸嫣红的察必，和顺地答应着。

"来，大汗！我替您戴好帽子！"这时，察必拿了顶新的帽子走过来，亲自替忽必烈戴好。

"咦！这……哈！哈！哈！"忽必烈像小孩般开心地笑了！他傻傻地看着美丽的妻子，满足地笑着！

原来，察必偷偷发明了一种"有帽檐的帽子"，能让

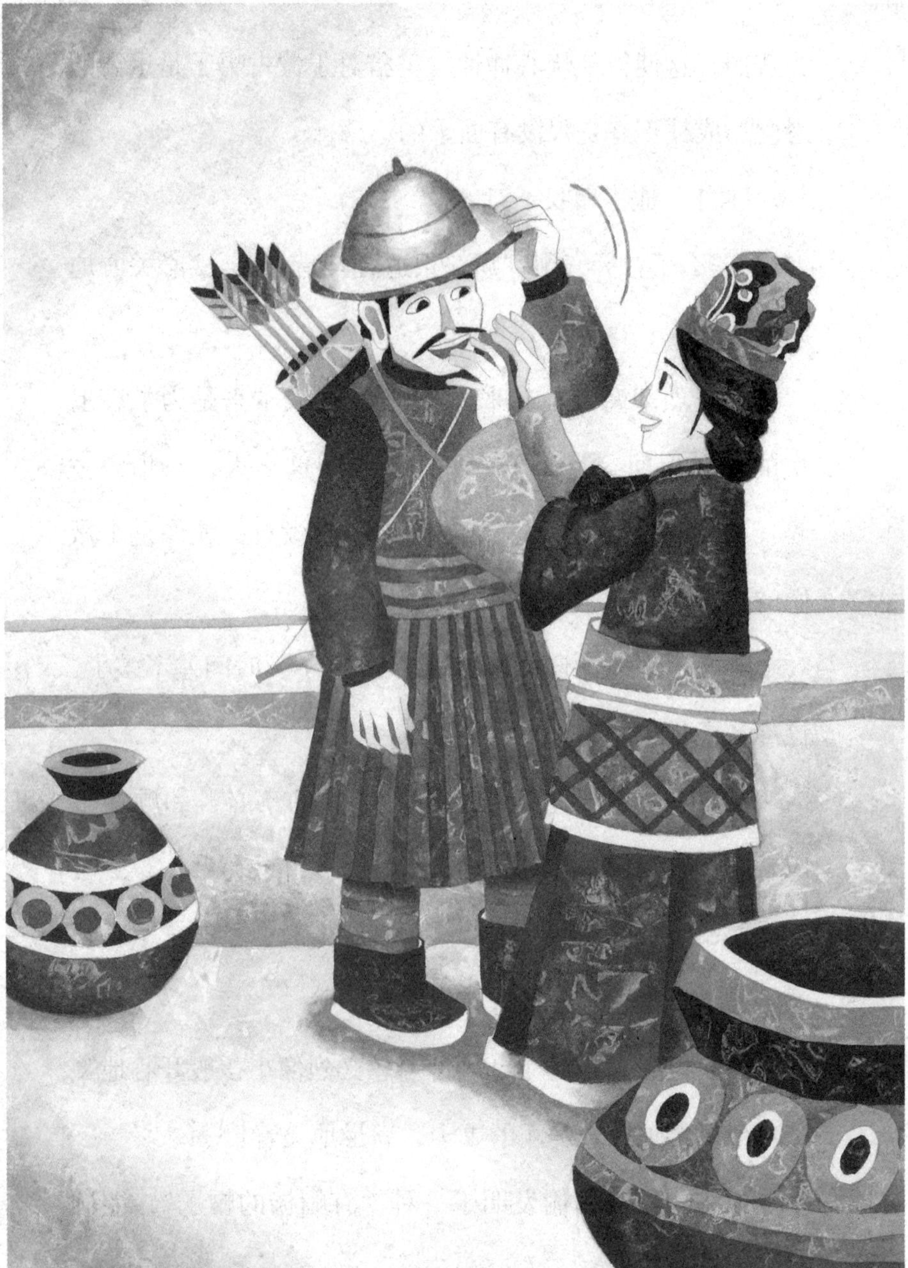

忽必烈的打猎更顺利。忽必烈戴着妻子的爱心，当天果然大丰收呢！

另外，为了方便忽必烈骑马射箭，她特地做了件后长前短、无领无袖的特制狩猎衣服，于是，这顶帽子与这套衣裳就被推广到整个蒙古了！

察必也常扮演谏诤的角色！

在她被立为皇后之后，有一天，四位侍卫官向忽必烈上奏，请求将京城附近的田地作为牧马场所。忽必烈一听到是为了自己心爱的马儿，二话不说就答应了。就在决定牧场地点同时，农人们为此忧心不已，赖以维生的田地如果被皇上拿走了，该如何生存呢？察必听说了这件事情，决定前往谏阻忽必烈。

忽必烈看到自己疼爱的皇后来了，正开心地招呼她来到身边，察必对他笑了笑，却往反方向走去，来到大臣刘秉忠面前，佯装哀伤地说：“你是个聪明人，你说的话连皇上都十分佩服，你能帮我想想办法吗？我现在听说了一件可怜的事情，想帮忙，可是又不知道该怎么办才好。”

看到皇后泪眼婆娑的模样，刘秉忠既诧异又惶恐，赶紧说:"皇后太抬举微臣了,不知皇后遇到了什么困难,微臣一定尽心尽力为皇后谋划解决之道!"

"那我就替城外那些百姓谢谢你了!"说罢,察必盈盈一拜。

"不可不可,千万不可,不知皇后是指什么事情呢?"刘秉忠还是一头雾水。

"你身为皇上的臣子,应该多替皇上留下仁德之名,如此才能使皇上获得爱戴,让他成为一位受尊敬的皇帝,是吗?"

"是的,皇后说得没错,这是一名忠臣应该做的。"

"我听说你们正计划着把农田规划成养马的圈地,你认为这样是正确的吗?既然已经把土地分给百姓,就应该让百姓使用。现在为了'圈地牧马'霸占百姓的土地,不但会造成百姓无法耕种,更是对百姓失信!这件事情,你怎么不劝阻皇上呢?如此,不就替皇上留下骂名了吗?"察必的声音虽然轻柔,却铿锵有力,刘秉忠佩服地频频点头,想着:"有了察必皇后辅佐大汗,天下定可大治。"

忽必烈听了妻子的一番话后，立刻挥了挥手说："把这圈地的地图烧掉，以后再不许提出此事。传令下去，划给百姓的田地就该是百姓的，所有大臣官员不得擅用！"语罢，他笑呵呵地看着妻子，觉得无比骄傲！

当忽必烈征服了南宋后，从后宫中找到了许许多多皇后、妃子所使用的饰品，如金、银、玛瑙、红宝石、蓝宝石，以及镶着七彩宝石的坠子、耳环等。当这些饰品被送到大殿时，一时间金光闪闪，十分刺眼。

这时，察必奉命来到大殿，忽必烈得意而开心地说："这里有许多美丽的饰品，你想要什么就尽管拿吧！"

察必并未接话，自顾自地在这些成堆的珠宝前浏览着。不一会儿，她转身到旁边站着，脸上的笑容却消失了。

"咦！怎么了？你怎么都没选呢？"忽必烈奇怪地看着心爱的妻子，"还是这些你都不喜欢呢？我再叫他们多找些奇珍异宝，送来让你装饰帽子，好吗？"

"启奏大汗，察必不要，谢谢大汗的垂爱！"察必走上前，一脸肃穆地说。

"为什么呢？你们女人不都喜欢这些吗？"忽必烈被弄糊涂了，而旁边站着的臣子也都一脸愕然！

"启奏大汗，您想，南方的宋为什么会亡国呢？"这一问，大殿上顿时鸦雀无声，一旁的臣子都替察必紧张着。"这好好的气氛，干吗提这些呢？"有些甚至还在心中嘀咕着，就怕大汗被激怒了！

忽必烈却像个学生般认真地想了想，说道："因为他们的皇帝太差了，有好的臣子、好的人民、好的资源，却不知要认真治国。"

察必平静却坚定地说："说得好，大汗！这些美丽的饰品就是让他们的皇帝不知道认真治国的元凶啊！宋人的祖先早年辛苦经营，夺得了这么多的财宝，想让子子孙孙过着好的生活，但子孙们却因此而玩物丧志，无心守护祖先的资产，也因此才有了亡国的命运。那么，我又怎么能接受呢？"语罢，她昂然站着，四周的大臣们脸上一阵青一阵白，忽必烈也愣住了，知道了自己的错误。

这就是聪慧的察必，因此她获得了忽必烈及蒙古百姓长久的爱护与敬重。

兄弟的灭宋大梦

我们再回头讲前面的故事。忽里台后,蒙哥继承了汗位!

他是个认真的大汗,日夜忙于建立蒙古的各种制度,希望让草原更强盛!但是,他心心念念的还是对南宋的征讨。可是任凭他想破了头,却还是无计可施。

因此这天,蒙哥召见了忽必烈。

"金灭亡之后,先王就想早日灭了南方的宋,可是宋依恃着长江天险,屡次征讨都无功而返。不知道弟弟有没有良策呢?"

其实忽必烈也十分清楚灭宋的困难,听了蒙哥的话后,他沉吟了一会儿,突然灵光一现:"有了!"

"怎么了?"同时在苦思中的蒙哥,被这一声惊呼唤醒了,"有好法子吗?"

忽必烈说道:"启禀大汗,记得当时祖父在世时,曾经就如何灭金这个问题请教过金的降将,不知您是否记得这件往事呢?当时,那将军回答:'金的武力强大,不容易攻下，但是如果换个方向，我们可以先从西夏攻打，西夏有着许多勇敢强悍的士兵，如果我们能纳为己用，一定是如虎添翼。'于是祖父不再从正面进攻，转而从黄河上游进兵，灭亡西夏，而直到窝阔台汗时，继承祖父的战略，终于灭了金。"

"是的，"蒙哥点了点头，"所以呢？"

"所以我们何不延续这个策略！现在宋军依恃着长江与我相抗衡，我们就绕过去，从长江上游进攻，先取得西南，对宋实施'大包抄'的政策，"忽必烈信心满满地说着，"如此，定能灭宋！"

"这真是妙计啊！"蒙哥继续问道，"那么应当从何处下手呢？"

"应当先取大理。大理是宋在西南边的屏障，若取得此地，就如同在宋的西南边开了一道后门，再与我们的北方军队同时夹击，就万无一失了。而且现在大理被权臣把持积弱不振，要灭它，就如探囊取物般容易呢！"

蒙哥听了他的话，十分高兴，当下就分派忽必烈率军队远征大理。

如同忽必烈所说，不久，大理就乖乖归顺了。

此后蒙哥对于忽必烈就十分信任，凡是军国大事都与他商量过后再去做。而灭宋行动就在兄弟联手的状况下开始了。

于是，蒙哥任命忽必烈规划灭南宋的大事。

忽必烈积极网罗人才，规划和实施重建汉地的各项工作，实行宽大政策，改善了汉地纷乱不治的情况，渐渐地民政事务、兵权、财政权皆集于他一身。

这天晚上，忽必烈为了蒙哥命他治理汉地、攻打南宋一事而大摆宴席。会上他十分开心，招待了许多汉人老师，佳肴美酒、歌舞不绝，大家轮流向忽必烈敬酒以表示庆贺之意。

"大家多吃点，多喝点，呵呵……"忽必烈已经有些摇摇晃晃了，但他还是四处招呼他的贵宾们。

这时候，只有姚枢一人默默喝酒，一声不吭。

"姚先生，你怎么了？是这些菜肴不合口味吗？还是酒不够好？来人啊！去把我珍藏的那坛好酒拿来，来人啊！"

"您误会了！不是这样的。我只是担心啊！"姚枢还是一脸阴霾。

"有什么好担心的？大汗对我这么赏识、这么信任，是件好事啊！来来来，喝酒喝酒！你们汉人啊，老是担心这、担心那。"

"您先坐下来听我说吧！"

姚枢沉默了一阵子，忽必烈也安静了下来。"你要说什么呢？就直说吧！"

"依照您看，现在的汉地如何？"

"很好啊！是个值得开发的地方。土地大，人口多，财富也多啊！所以啰，这不是很好吗？"

"没错，您说得很对！可问题也就在这里了！"

"姚先生，你是什么意思呢？我怎么听不懂？"忽必烈也感受到了姚枢的忧虑，渐渐地认真起来。

"您想想，现在的蒙古草原人口逐渐增加，而且也渐渐不再游牧了，可是征战却没有少过，那么庞大的军费就成为蒙哥大汗的隐忧了。"

"嗯！"忽必烈沉吟了一会儿。

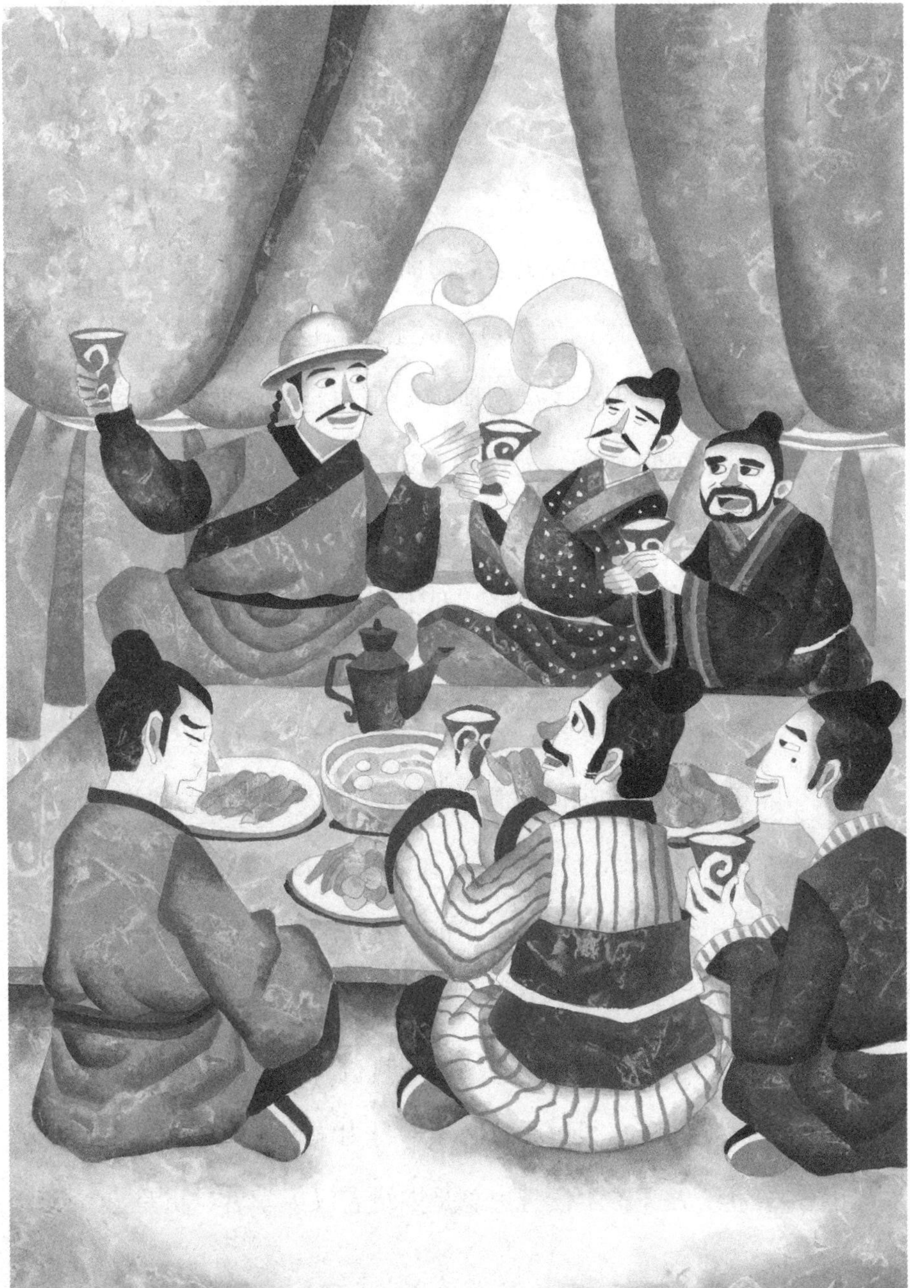

"现在大汗宣布由您来治理汉地的确是喜事，但是汉地是目前最富庶之地，而大汗将民政事务、兵权、财政权都交给您来掌理，将来有一天，大汗军费不足了，只要有人再从中挑拨，大汗必定会后悔而夺回大权的！"

"嗯！"忽必烈的眉头愈来愈皱，神色也渐渐凝重了，"这……该如何是好呢？汉地确实是块宝地，要我放弃，不是太可惜了吗？"

"不用放弃，但是您必须将财政大权、民政事务归还大汗，您只能掌握兵权，继续对宋用兵就够了，而一切供需再取之于大汗。"

"嗯，你说得有理！"忽必烈露出赞许的笑容。

隔天忽必烈立刻向蒙哥请求只管理漠南地区的战事，负责对宋军的战争。蒙哥接到这样的请求，不禁想："忽必烈真是我的好兄弟，一点儿也不贪权、财。我们一起努力，一定可以成功拿下宋的！"

蒙哥和忽必烈开开心心地一同打拼时，蒙古贵族却不开心了！他们实在很讨厌忽必烈，身为蒙古人，怎么可以这么亲近汉人呢？不仅身边总是围绕着汉人学者，更是喜欢汉法。于是，他们决定离间这对兄弟。

数名贵族一同前来觐见蒙哥。

"启禀大汗，忽必烈王深得汉地人心，长久下来，恐怕会对于本朝不利呢！"

"唉！你们就是对他有偏见！"蒙哥听多了对于他弟弟的批评，早就厌烦了，更何况在忽必烈将财政权交回给他之后，他更是觉得这些老是啰啰唆唆的贵族十分碍眼了。

"大汗，这不是偏见啊！大汗明鉴，听说忽必烈王的财富令人咋舌，都是从汉地搜刮来的呢！而且，听说他还在汉地积极练兵图谋不轨呢！"他们绘声绘色地说着。

"大汗，我们当然知道忽必烈王绝对不会背叛大汗的！"听到此处，蒙哥第一次点了头，"只是，他身边的许多汉人学者就不一定了啊，他们毕竟都是汉人，心总是向着宋的啊！"蒙哥的神情渐渐专注了。

"对宋而言，本朝就是最大的威胁了，所以……"到此，这个贵族故意顿了一顿。

"所以如何？"

"所以如果蒙古发生了内乱，对于宋可是很有利的啊！因此难保他们不会在原本忠心的忽必烈王耳边怂恿着！忽必烈王向来十分相信汉人学者的话，这您也是知道的，那么，接下来的事情就很难说了。"这位贵族停了下来。

"……"蒙哥也静默了，心里正盘算着这番话，"的确，这也不是没有可能啊！"

接下来几天，总有贵族有意无意地提及这些事情。于是，就在接二连三的谗言之后，蒙哥动摇了，开始紧张他的汗位，对于忽必烈也日渐疏远了。

其实，忽必烈当时对于蒙哥的确是真心归服的，并无叛乱之心，因此，他又听从姚枢的建议，将他的爱妻送回了蒙哥的根据地——和林，一方面让她代表自己来探望哥哥，一方面也表示："我自愿让我的妻子在这里做您的人质，以表示我的忠心。"

很快，察必到了和林。

察必恭谨而大方地盈盈下拜，朗声说道："大汗，您忠心的臣子来探望您了！"

此时，蒙哥有些汗颜了："真是对不起弟弟，我相信我们共同努力，一定能让蒙古更加繁盛的！"

从此，他们兄弟间再也没有嫌隙，一同谋划征讨南宋的大业。

与南宋第一次交锋

忽必烈在蒙哥的支持下展开了灭宋的行动。当时两人兵分两路，忽必烈从东边，蒙哥从西边，同时进军南宋。

※　　　　※　　　　※

先看看南宋的情形吧！

八月的午后，南宋皇帝赵昀正忙着呢！突然听到老太监的声音。

"皇上，吕大人要见皇上。"

"去去去，没看到朕正忙啊！吵什么，有事明早再说。"

"皇上，我也这样跟吕大人说了，可是他说有紧急军情，一定得见皇上一面啊！"老太监紧张地解释着。听到这儿，哐的一声，赵昀手上的白玉镶翡翠梳子掉在了地上。一旁的小妃子慌了，赶紧跪地磕头，嘴上直说："皇上息怒……皇上息怒……"

"唉！叫他等着吧！"原来赵昀正忙着替他新近最宠爱的小妃子梳头发呢！但是赵昀还是怕死的，他还不想当个断送大宋江山的皇帝啊！于是在妃子的服侍下，他穿戴整齐，又过了一刻钟才出来。

"参见陛下！"吕建神色焦虑地说着，连声音都不似平日有力。

"嗯。"赵昀有些意兴阑珊，往常依照他的脾气，谁敢打扰他的兴致，必然不会有好下场。但是他看着眼前自己提拔的吕建，脑中闪过三年前的往事。

当时，赵昀亲自到前线督军，却遇上蒙古军突袭。"杀！冲啊！"一阵混乱之中，南宋军队陷入慌乱，由于平日松散缺乏训练，一瞬间，死的死，伤的伤，赵昀的周围已经堆满了尸体。

"来人啊！来人啊！护驾！赶快护驾！"任凭他喊破了嗓子，他的声音都被战马的嘶吼声、士兵的哀号声所淹没。刚刚还在身边的将军臣子，伤的伤，逃的逃，在这存亡之际，只见一名年轻校尉向他冲了过来，他还来不及反

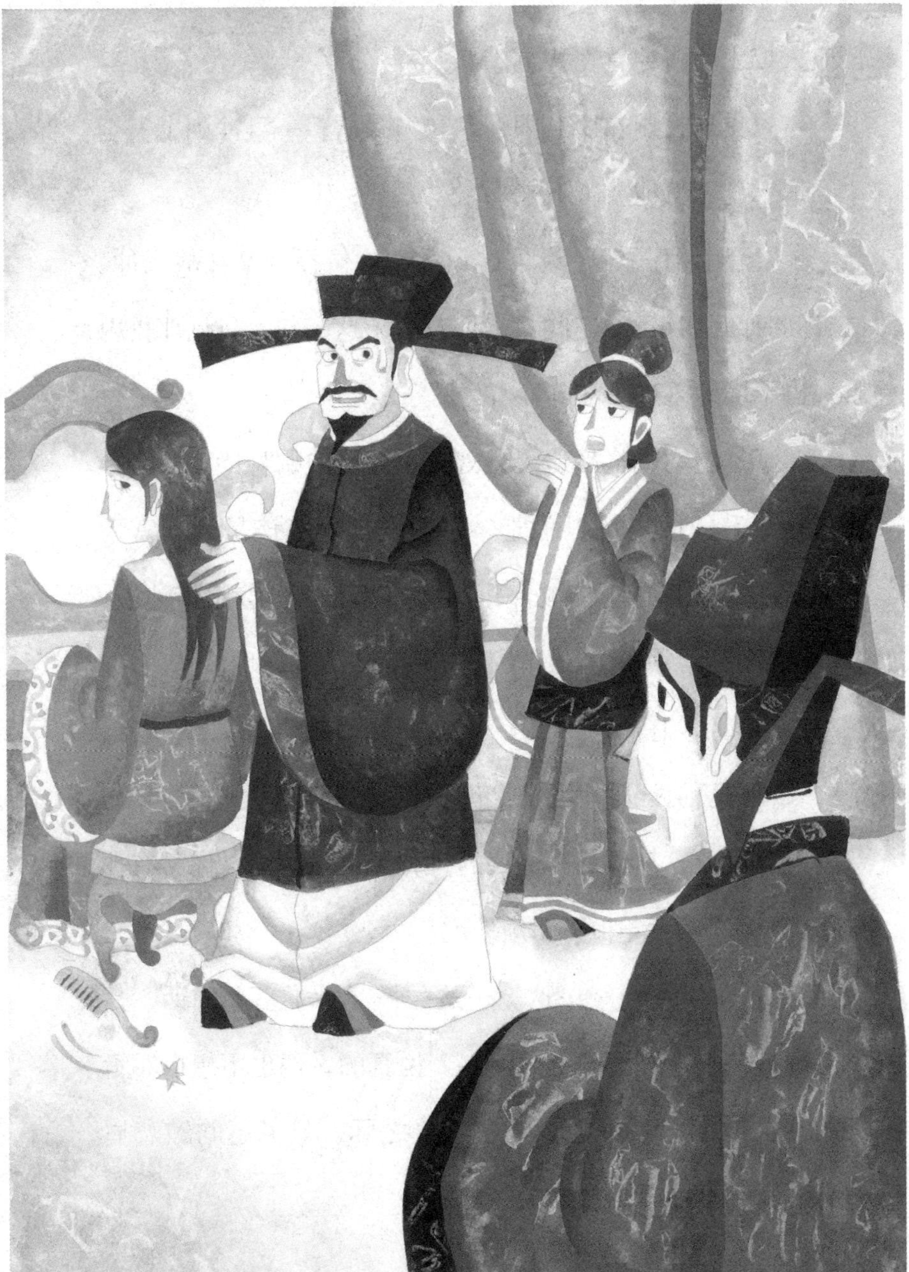

应，校尉已将他背在背上。

只见这校尉左躲右闪，拿着刀猛砍，一直冲到了安全的地方，才将他放了下来。

"皇上请保重！"说了这句话，这位校尉又往战场冲。"你叫什么名字？"赵昀只来得及问了这一句，只见那校尉头也不回地杀进了敌阵："吕建。"

于是赵昀就将吕建留在宫中担任他的贴身侍卫，一年前，又升任内宫侍卫总监。照理说吕建应该是管理宫廷之事，怎么会有军情报告呢？赵昀有点摸不着头绪地说："听说你有紧急军情？"

"是，皇上。"

"可是前两天丞相才告诉朕，我方军队大胜了两场，蒙古军大败，甚至都有退兵的打算了！才两天，你又有什么紧急军情了？"他不耐烦地说。

"这……皇上……这……这……"听了皇上的话，吕建像被刺了一剑般说不出话来。说真的，他也不想得罪丞相，这该如何是好呢？就在沉吟之际，只见赵昀皱着眉头，脸上微露愠色。

"有话就快说，到底是什么事？"

管不了那么多了，吕建眉头一扬，大声而有力地说着："启奏皇上，蒙古大军就要从鄂州过江了！"

"什么？你说什么？"赵昀只觉得脑中一片混乱。

"蒙古大军要从鄂州过江了！"豁出去似的，吕建大声喊着。

愣了半分钟，赵昀大手一挥，气愤地说："胡说！丞相不是这样说的，这怎么可能！胡说！你从哪儿听来的谣言？"

其实赵昀内心清楚地知道，吕建的话是应该相信的，但他实在不想接受这个事实啊！

"皇上，这是真的，知道的人不止我一个，许多大臣也知道啊，请相信我吧！皇上！"

"这这……你去把丁大全给朕叫来，立刻！"赵昀气极地大喊。

"参……参……见……见……陛……下！"看到皇上的神情，跪在地上的丁大全知道自己再没活路了。

"你你你……好你个丁大全……'我方大胜、我方大胜'……你竟然……"赵昀怒极了，连话都说不出来了。

原来丁大全为了粉饰太平，竟然隐瞒军情不报，任凭战情愈来愈糟。此时，蒙古军已经由云南进入交趾，从邕州攻广西直破湖南。忽必烈猛攻鄂州，宋的城池几乎不保了。

"丁大全下台了！"百姓们欢呼庆祝，朝廷忠臣大喜，但想不到下一个丞相却是更糟的贾似道。贾似道在他的姐姐，也就是赵昀宠爱的妃子的保荐下，以国舅的身份挤上了政治舞台。

百姓们替贾似道取了个绰号——蟋蟀宰相。因为，他唯一的专长就是斗蟋蟀。

这天，贾似道照例在西湖租了艘画舫，开了赌桌，与青楼女子取笑着，吵得连皇宫里都听得到。赵昀登上高楼远眺，笑着说："又是贾似道这浑小子！"身旁的侍臣们看皇上笑得开心，接着说："听说贾似道还挺有能耐的呢！"

"喔！是吗？明天叫他来见朕！朕倒要看看他还会什么！"

隔天，贾似道来了。

"参见陛下！不知有什么事情是小的可以效劳的？小

的一定鞠躬尽瘁，死而后已！"贾似道的脸上堆满了笑。

"你昨天玩得挺开心的嘛！不过，有人告诉朕，你平日里竟敢耽于享乐！"

"启禀陛下！这真是冤枉啊！小的每天辛苦于公事，成天批改公文都无法安睡呢！昨日才暂时忙里偷闲，放松了半日！"

"是吗？那你倒是说说看，你对于'治国'有什么看法？"

"这……"这下伤脑筋了！贾似道想着："这个笨皇帝，我哪知道怎么治国啊！你要我教你斗蟋蟀，我倒是专业的！啊！对了……斗蟋蟀……"

贾似道沉吟了一会儿："启禀皇上，这'治国'其实一点儿也不难啊！小的就用'斗蟋蟀'来比喻吧！"于是他摇头晃脑地说了一套"以柔克刚"之道，说来说去都脱不了斗蟋蟀的技巧。但就凭他这三寸不烂之舌，还是把赵昀唬得一愣一愣的。

"贤才！朕差点错失了一名良臣啊！以后国家可要靠你了！"皇上大乐，连昨日推荐贾似道的侍臣都被大加赏赐一番呢！

※　　　※　　　※

却说同一时间的蒙古军，在忽必烈的带领下，正势如破竹地猛攻鄂州！

前方战况吃紧了！紧急战报不断送达，而且一次比一次紧急！赵昀慌了！

"爱卿，这这这……你说这该如何是好啊？"赵昀忧虑地向蟋蟀宰相问道。接连几日无法入眠，他的头发一时间白了不少，脸色也十分苍白。

"皇上请放心！您的龙体要紧啊！全国上下都盼望着您能健康长寿呢！"贾似道一边想着要如何应付赵昀的质问，一边嘴上还不忘记说着好听话，"至于这战事……我军平素训练精良，战士们个个誓死为国，将军们足智多谋，一定可以化险为夷，不久一定会有捷报的，您放心吧！"贾似道笑了，说得连他自己都相信了。

无奈赵昀这回真的慌了！鄂州是重要的防地，一旦鄂州被破，临安就保不住了。"朕知道，可是……这样下去不行，朕不放心！这样吧……"他停了三秒钟，贾似道看着龙颜，紧张得一颗心快从嘴里跳出来了，心里想着："难不成……不会吧？千万不要啊！"想起今天一大早眼皮就不听话地乱跳，难道……

"你就代替朕到前线坐镇吧！把那套'以柔克刚'的理论拿出来对付蒙古军，这样朕才能放心！"皇上边说边点头，贾似道却是边听边冒汗啊！皇上竟然说了他最害怕的事情。

"这……这……可是朝廷大事……"贾似道还在做最后的挣扎。

"你就放心吧，这里有朕呢！你就放心地去，替朕好好督军啊！"

听了这话，贾似道的心凉了半截，事已至此，只有硬着头皮接旨了！"是！臣遵旨，陛下就等着微臣的好消息吧！微臣这就去准备，微臣告退。"

刚转身走了两步，脚下一个踉跄，砰的一声，贾似道直挺挺地倒了下去。

赵昀吃了一惊！"你还好吧！想必你最近为了国事也

辛苦了，这次等你带回好消息，朕一定大大封赏！"

"谢陛下恩典！"说完，贾似道转身退出朝堂，嘴里边还咕哝着，"我大概要到阎王那儿接赏了吧！唉！"

圣旨已下，贾似道受封为右丞相兼枢密使，以及京西、湖北、湖南、四川宣抚使，并都督江西、两广兵马。贾似道到了与鄂州仅有一水之隔的汉阳，听着没日没夜的砍杀之声，不要说督导了，连城门都不敢登上，整天只是在城中唉声叹气。其实当时的南宋还是大有可为的，毕竟蒙古军远道而来，又隔着江水，真要拿下鄂州也非易事，但就是有像贾似道这样贪生怕死的官员，南宋才难逃灭亡的命运。

也是他运气好，正当忽必烈顺利推进时，却传来了噩耗："蒙哥大汗在合州钓鱼城战死了！"

一时间，忽必烈只能重复着："死了？哥哥战死了？大汗死了？"

※　　　　※　　　　※

当时，蒙哥与忽必烈同时间兵分两路征讨南宋，但蒙

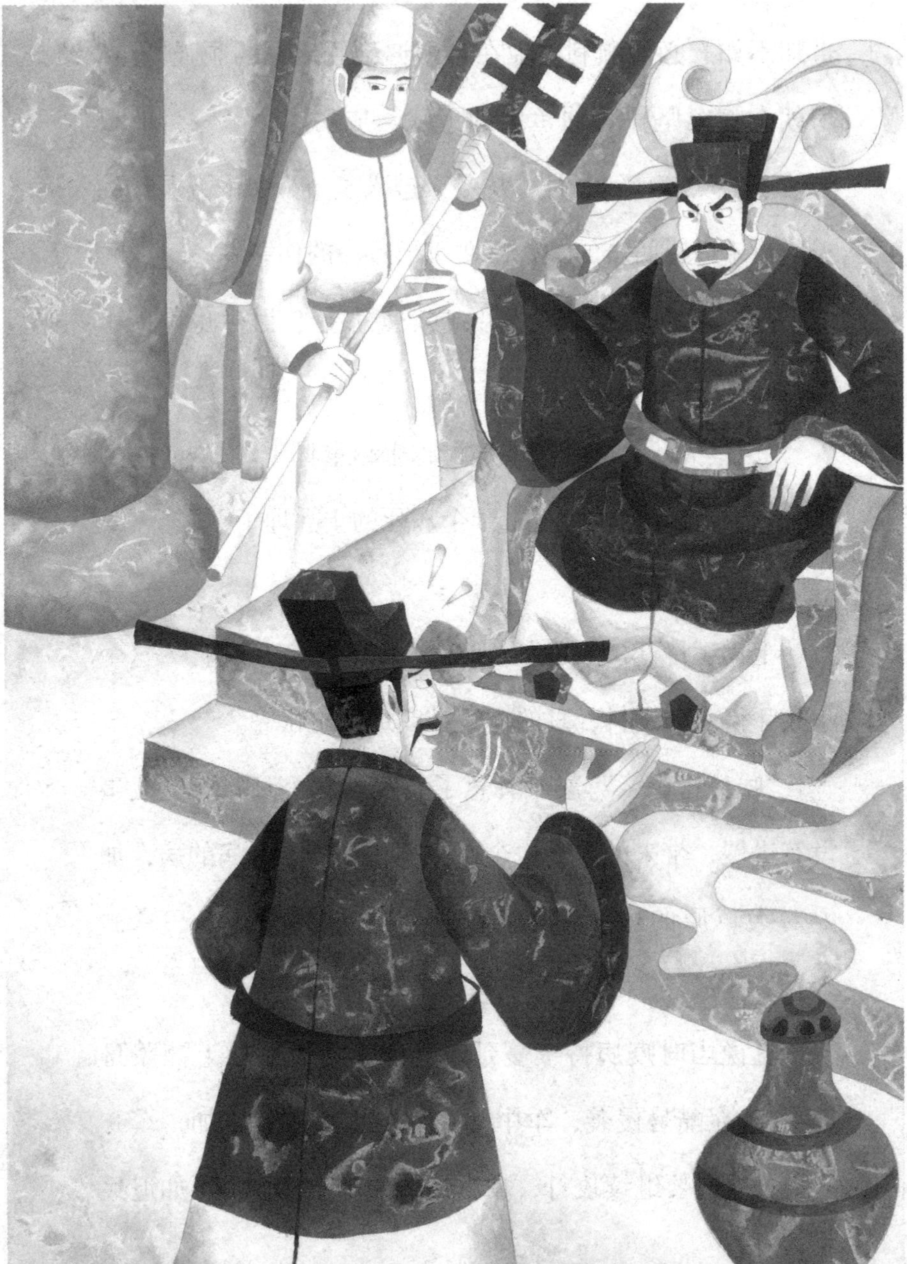

哥却不如忽必烈顺利。他在合州遇到了宋军的顽强抵抗，宋朝大将王坚凭着钓鱼山的天险，成功阻止了蒙哥的攻势。于是从二月到七月，从冬天进入了夏天，南方湿热的天气对于进退两难的蒙古军造成了致命的伤害。

"启禀大汗！生病的士兵愈来愈多了！医生也都束手无策。"

"启禀大汗，士兵们的病情越来越重！"

"启禀大汗，刚刚把二十个病死的士兵埋了。"

"启禀大汗……"

士兵正待开口。"住口，给我滚出去……滚啊！"这个小兵吓得双腿发抖，真的连滚带爬地出了帐篷。

"唉！这……"蒙哥着急了，接连几个月，不但战事没有进展，带来的士兵也个个染病，死的死，病的病，加上对大草原的思念，斗志都快被磨光了！"这……拿酒来！"不久，连蒙哥自己也病倒了。

且说当时疫病持续蔓延，阵前大将脱脱欢上谏蒙哥道："现在酷暑侵袭，军中得疫病的士兵不断增加，军心涣散，这时要继续攻打，拿下钓鱼山难上加难，不如退兵北还，养精蓄锐，来年再做打算。请大汗三思啊！"脱脱欢认真地说着。

但是一想到功败垂成，他就实在不甘心。思索了两天，蒙哥披上战甲，亲临钓鱼山下，对着全部军士慷慨激昂地说：

"不要怕！长生天会帮我们的，胜利就在这一战了。只要打胜就可以回家！就可以回到大草原！"

"喔！"看着大汗，士兵们个个鼓舞精神，回应着大汗的话，想着大草原，大家决心拼了。

"杀！"一时间，杀声震天，"冲啊！"蒙古军、宋军两方倾全力战着，只见士兵们近身交战，"杀啊！""啊！"冲杀声与哀号声，再加上马匹的嘶鸣，战场上看不到一具完整的尸体。蒙哥更是一马当先，奋勇杀敌。看着大汗英勇的背影，小兵们个个精神为之一振，钓鱼山转眼就要被攻下了。

"大汗、大汗、大汗……"

"大汗怎么了……"

"大汗啊……"一支由山壁射下的箭，不偏不倚正中蒙哥的胸口。他倒下了！一时间，军心溃散，蒙古军转眼间由胜转败，伤亡大半。

蒙哥就这样去世了，西路军的行动只好暂时告停，准备扶柩北归。

※　　　　※　　　　※

从1251年到1259年，蒙哥的在位时间虽不久，但是他完成了许多功业。在内政方面，各族内的纷争和缓了，纲纪也更加严明，还在伊朗、中亚、汉地等各直辖地设立了行省。在对外方面，他派遣弟弟旭烈兀西征西亚各国，自己与忽必烈分两路进军南宋。

如今，忽必烈是否能顺利完成哥哥蒙哥的遗志呢？

※　　　　※　　　　※

听到了大汗的噩耗，忽必烈的脑子里一片空白。

身旁的谋士郝经倒是不假思索地说："大汗的灵柩不久就会回到蒙古，下一次的选汗大会就会立刻展开！您应该立即北归才是。"

"可是眼看就要将宋攻破了,现在如果班师,岂不是前功尽弃!"忽必烈犹豫不决,他实在不想放弃这只即将煮熟的鸭子。

"王啊,若要臣来看,宋的灭亡只是早晚的事,又何必急于一时呢?若为此而错失汗位,就太不值得了!依目前的情势,您的弟弟阿里不哥必然会起来争夺汗位,但是凭着您这几年的战绩,只要北归,汗位就唾手可得!"

从北方传来的消息愈加紧急,蒙哥汗的灵柩已经回到蒙古了,各家族无不摩拳擦掌,忽里台大会就要召开了!谋士们不断进言,忽必烈自己也明白,再不动身只怕一切就来不及了。

"可是,这南宋……"平常处事果断的忽必烈还是下不了决心!因为征服南宋是他的梦想啊!忽必烈自小时起就对于儒家思想十分向往,因此他一心希望能有机会大展长才,用他所听到的、所学到的、所了解的儒家之道来统治国家,而南宋就是最理想的地方了,现在竟然功败垂成,他实在下不了决心啊!

"嗯!"郝经想了想,"不如这样吧!给宋军来一着声

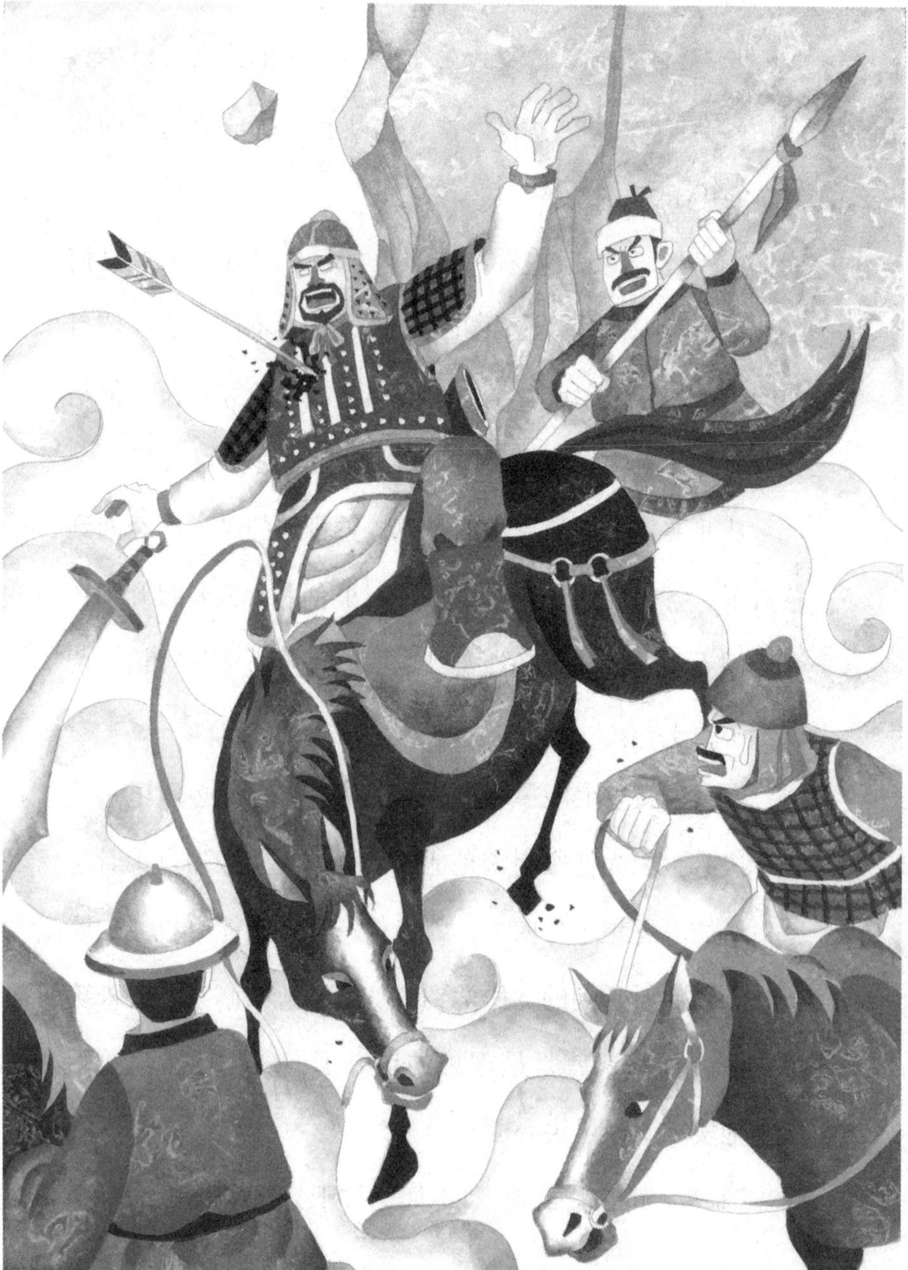

东击西！再趁机与宋议和，先拿下些土地再说。"两人就在营帐中你一言我一语，谋定方略。

"好！就这样决定了！"于是忽必烈开始行动了。

1259年冬，忽必烈的军队浩浩荡荡地启程北归。他只留了些微的兵力在鄂州，主力军队原本应该经由河南回到察哈尔的开平，但是，忽必烈却不这么走，他特地绕道，营造出"向东边走、进攻临安"的东进形势，企图吓吓宋军！

声东击西果然奏效了！

这天，小兵突然急急忙忙跑来："启禀右丞相，启禀右丞相……"看到小兵气喘吁吁的样子，贾似道赶紧问："怎么了？蒙古军怎么样了？快说啊！"

"启禀右丞相，忽必烈真的要进攻临安了。"

"什么？这怎么可能？这怎么可能？"他颓丧地坐下，还兀自喃喃自语，"我的金银财宝，我的地位……怎么可以这样？怎么办怎么办？到底该怎么办？"

突然，"咚"的一声。

"大人、大人，大人醒醒啊！大人……快，找医生来！"

　　胆小如鼠的贾似道就这样昏了过去。趁此机会，他正好托病不出，于是，他又在汉阳城里躲了三天。三天之后，他突然想到了一个妙计，便笑开了颜："对了！我怎么没想到！就是这招！来人啊！来人啊！"他究竟想到了什么好点子呢？

　　贾似道走出整整躲了三天的汉阳，想实现他的好计策——议和。

　　结果双方一拍即合。贾似道生怕忽必烈突然反悔，于是立刻派出使者前去交涉，最后蒙古提出："宋必须向蒙古称臣，割让长江以北的土地，并且每年进贡岁币银二十万两、绢二十万匹。"宋的使者听到这样的条件，既不敢答应又不敢说不，支支吾吾半天，才吞吞吐吐地说："这……这……我必须向贾大人报告！"说完，一溜烟回到了城中，将一切告知贾似道。

　　"什么？"贾似道一听，手上一晃，一杯热茶差点没烫到自己，"这怎么能答应，未免太苛刻了吧！"可心下又琢磨，不答应只怕蒙古军不肯撤，自己的小命立刻就玩完了,想到这里,便回复道:"就答应了吧!"

使者吓得连声音都微微颤抖着:"大人,但是要怎么对皇上交代呢?皇上会同意吗?"只怕到时皇上降罪下来,自己就成了罪魁祸首,抄家灭族都无法谢罪呢!

"叫你去就去,皇上那边自然有我顶着,你担心什么啊?"

"是!小的这就去。唉!"使者一副视死如归的态度退了出去。此时,贾似道也正着急地想办法:"是啊!该怎么交代呢?"

忽必烈一听到使臣的回复,说得到了贾似道的口头承诺,就一夜之间挥师北返,撤离得干干净净了!

守城士兵三步并作两步大声喊着:"大人、大人!"

才五更天呢,吵什么啊?贾似道从梦中被惊醒了。"怎么了?怎么了?蒙古军打过来了吗?"一紧张,从床上滚了下来,正巧,小兵掀开营帐进来,贾似道不禁恼羞成怒。

"大胆!没叫你进来,竟然擅闯本大人的营帐,活腻了啊!"

"对……对不起。启禀大人,蒙古军撤退了!"

正穿着衣服的贾似道愣了一下："什么？你说什么？蒙古军真撤了？"

"是啊！"小兵高兴地说，"真的撤了，而且不剩一兵一卒，撤得干干净净呢！大人，我们可以回家了吗？"想到家乡，小兵不禁泪流满面。

"是啊，回家，我们要回去了！"贾似道喜出望外，突然间，一切烦恼烟消云散，至于那个"议和条件"，早已被他抛到脑后了。

"对了！"他想到一件重要大事，攸关他的官位与生命的大事。

"等等，把昨天派去蒙古军的使者叫来。"

"是。"小兵退了出去。

过了一会儿，使者来了。

"大人，小的来了。"

"你做得很好，蒙古军撤退了，大宋的危机解除了，皇上也安全了，这都是你的功劳！不过，你去议和的事情还有别人知道吗？"

"这都是大人领导有方，小的不敢居功。此事没人知道,小的没有经过大人允许,不敢跟任何人提起。"

"很好!"贾似道皮笑肉不笑地说。一个箭步,他从床下拿出一把长刀,挥刀一砍。

"啊!大人你……"

"砰!"使者倒了下去,胸前的血汩汩地流出。

听到了声音,外面的士兵连忙进来。"大人,发生什么事情了?"

"把他给我拖出去,他意图不轨,已经被我杀了。"

这下议和的事情没有第二个人知道,贾似道可以高枕无忧了。很快,宋军班师回朝,贾似道将前方战事说得惊险刺激,大肆吹嘘宋军的大胜,哄得赵昀高兴极了:"做得好,做得好!"于是立刻下诏表彰贾似道的救国之功,并且晋封他为少师、卫国公。

蒙哥的战死给了宋朝苟延残喘的机会,也让贾似道更得宠了。

大风吹——汗位谁来坐?

从成吉思汗倒下至今,第三次选汗大会即将召开。

第一次大家遵循成吉思汗的遗志，推举了窝阔台为汗；第二次，明争暗斗之后，汗位转移到了拖雷家族；现在，蒙哥辞世，第三次选汗大会又要召开了。

这次，轮到拖雷四子忽必烈与七子阿里不哥争夺汗位。

由成吉思汗所确定的、由大家推举共主的方式，本有种"选贤举能"的意味，可推举出大家都尊崇的草原共主。只是，成吉思汗的成就是前无古人、后无来者的，在他之后，大家各拥其主，再难有威望如此高的领导者。因此，成吉思汗的子子孙孙就逐渐分裂了！

※　　　　※　　　　※

蒙哥的兄弟忽必烈、旭烈兀、阿里不哥三人，加上蒙哥大汗的儿子班秃、玉龙答失，共五人有资格角逐汗位。但是其中旭烈兀远在阿拉伯，来不及赶回，而班秃、玉龙答失则年纪太小了，于是，最后真正脱颖而出的就是忽必烈、阿里不哥兄弟两人！

阿里不哥实力强大，蒙古草原诸王大臣以及跟着蒙

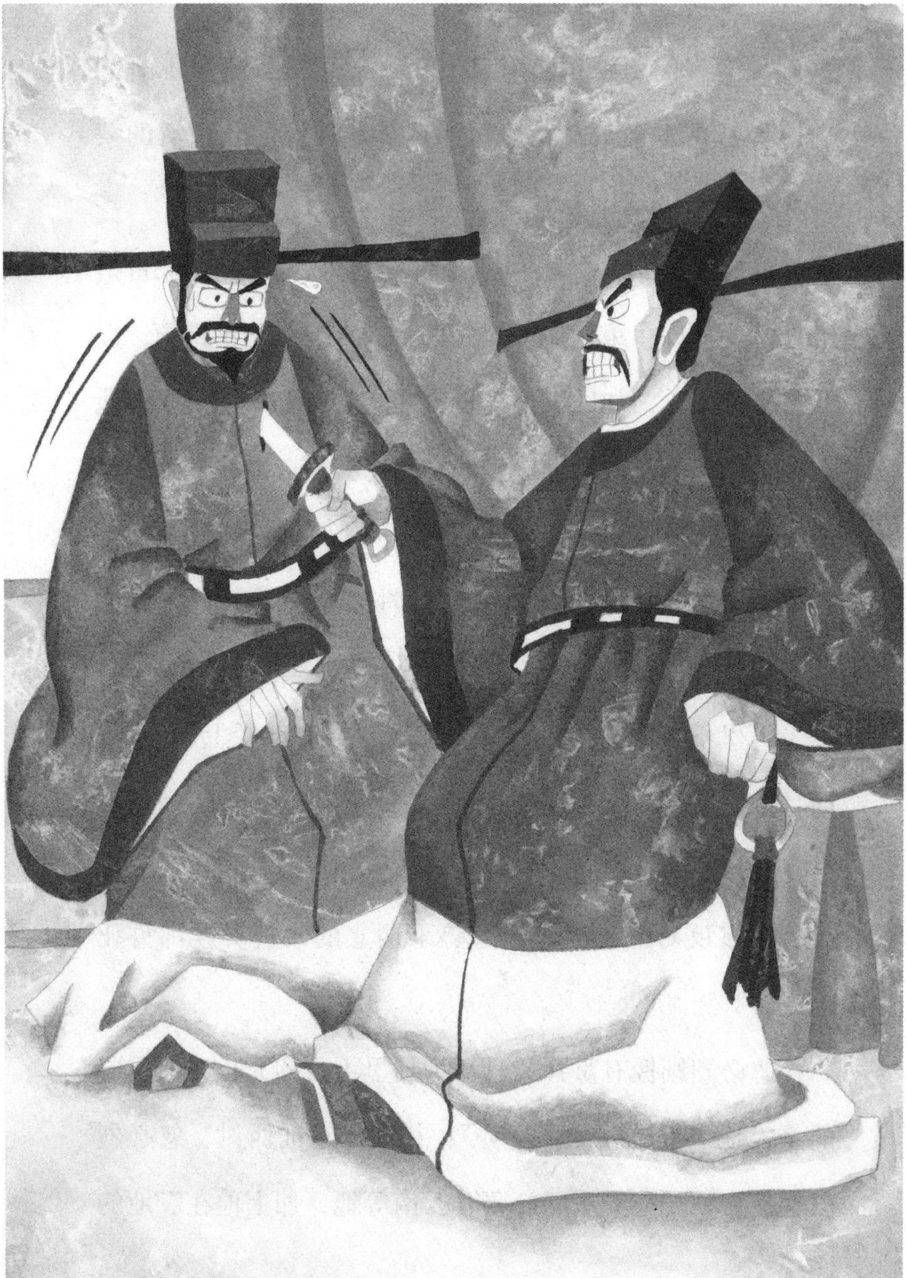

哥讨伐南宋的西路军将领都支持他。可知，阿里不哥的支持者都是生于蒙古草原，并且过着传统游牧生活的蒙古人。

忽必烈势力也不容小觑，他的支持者除了一些蒙古诸王外，还有许多跟随他征服大理、南宋的东路军将领，以及许多外族人，如回族人、畏吾儿人、女真人、汉人，他们多是以谋士身份协助热爱儒学的忽必烈。因此，忽必烈的支持者成分较为复杂，他所吸引的都是些汉化较深，或仰慕汉文化的蒙古人，加上忽必烈长期在南宋征战，蒙古草原的支持者较少。

阿里不哥因为一直待在大草原，拥有地理上的优势，而且依照蒙古制度，幼子具有父亲财产的所有权，阿里不哥身为拖雷幼子为其守灶，也具有了争夺王位的正统优势，很多反对汉化、与汉人势不两立的蒙古贵族都誓死拥戴。

忽必烈则握有重兵，且身为阿里不哥的兄长，更重要的是，他掌握了"经济优势"！长期的东征西讨，忽必烈已经拥有西夏、秦垄、吐蕃、云南等地，加上他在汉地的认真治理，使得中原地区的经济日渐繁荣。而阿里不哥的根据地和林比较贫瘠，因此在军费的支持上十分费力，过去蒙哥大汗也常需要汉地的经济支援呢！忽必烈战绩的卓越，也使他的声望较之长期待在根据地的阿里不哥要高出甚多。

※　　　　※　　　　※

顺利议和之后，忽必烈立刻离开鄂州，领着大队人马回家。

蒙古的冬季是可怕的季节，强劲的风使得美丽的白雪成为可怕的东西，漫天飞舞的白雪使得奔跑中的马儿都不禁冷得发抖，结冰的地面也让马儿纷纷滑倒。在凄厉的风声外，当骑士从马背上跌落时"啊！""哎哟！"的惊叫声，更使得气氛格外凄凉！

就在行进之时，又有各种消息传来。阿里不哥已经以监国的身份，邀请诸王参加将于和林召开的忽里台会议。

严酷的天气使得大队人马的进军速度缓慢，很多时候，他们都不得不停下来，生几堆温暖的火。忽必烈则不断与谋士商量将要面对的局面，刘秉忠、张文谦等人都主张"另外召开一场忽里台大会"！

忽必烈精挑细选了四名能说善道的能臣，派他们分别向蒙古的四大汗国①送去忽里台大会的邀请函。但使臣带回来的信件，除了与他较亲近的伊儿汗国表达支持外，其他都是客气地交代应依祖先家法的传统进行选汗仪式，言词虽含糊，却都透露出一个信息："我们不支持你！"

看到了这样的回信，忽必烈眉头深锁。眼下只剩两条路了：要么放弃汗位回到南宋，要么正式与阿里不哥开战。

这一天，郝经与廉希宪来到忽必烈的身旁。

"是你们啊！"忽必烈对两人礼貌地点了点头，抬了抬手，意思是：别吵我，我正在想事情呢！这是我们蒙古人的家务事，你们汉人不了解的。

两人不动，廉希宪缓缓道出："王，也许我们是不同民族，但请不要忘记，无论是汉人、蒙古人，都需要一位

---

① 当时，从中亚到西亚还有着成吉思汗当年分封给四个儿子的四大汗国，即"察合台汗国""窝阔台汗国""钦察汗国""伊儿汗国"。

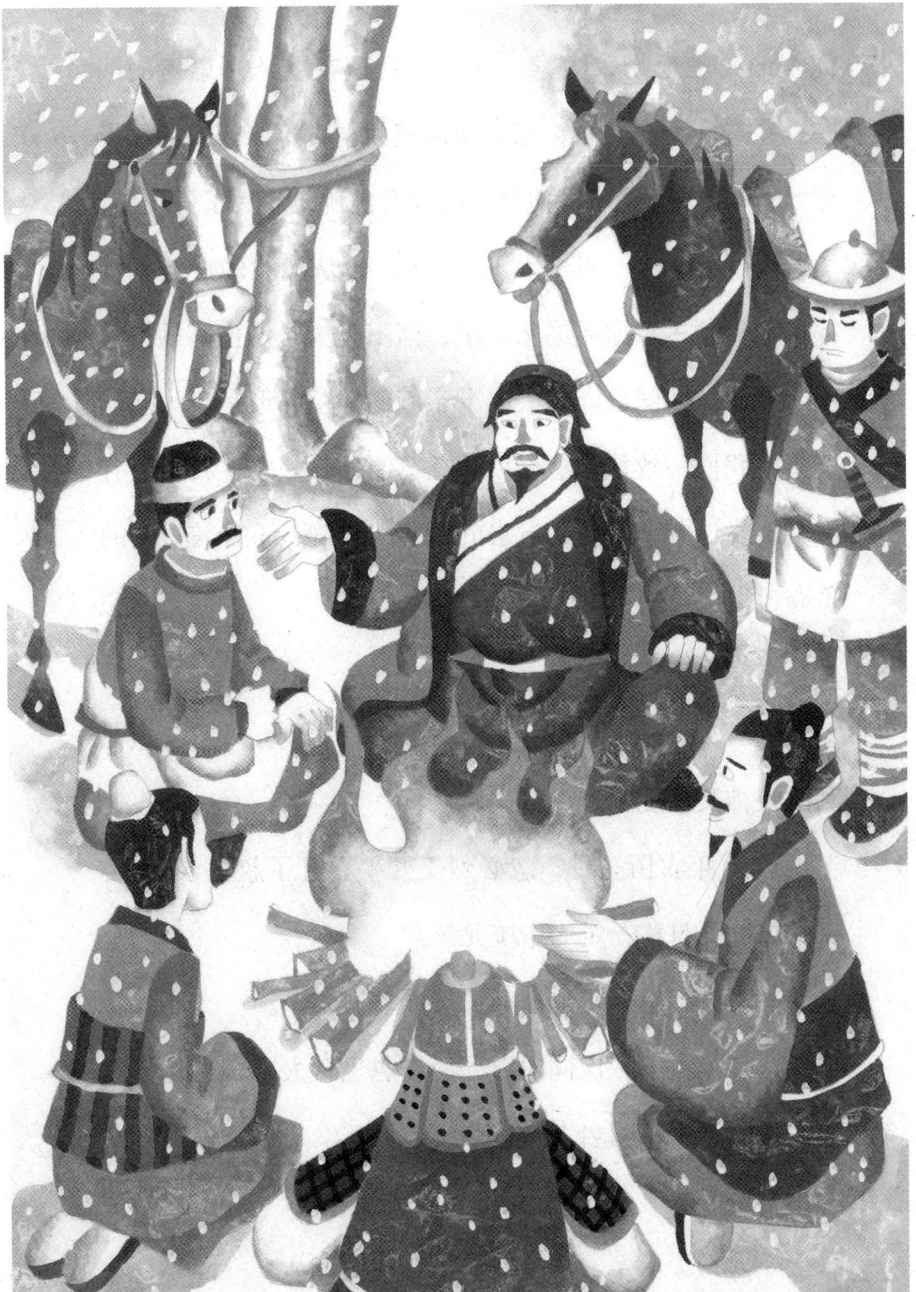

优秀的共主来带领大家,这才是您现在要认真思考的问题:在选汗大会之后,您要如何成为蒙古草原伟大的领导者?"严肃的气氛中,他低沉的嗓音仿佛被放大了好几倍。

郝经踏前了一步,说道:"王,自从伟大的成吉思汗辞世后,蒙古草原始终不安定,诸王间为了汗位问题持续斗争着,彼此间已渐渐失去了亲族的情谊,但是身为您的谋士,我们一致认为您可以胜任草原领导人之位,也只有您有能力让蒙古恢复到过去的繁盛与宁静,不计较过去的争夺,以仁厚的态度关心人民。"

安静持续着。

"好,三天后,我在开平举行忽里台大会。"忽必烈锐利的眼神又恢复了。

1260年农历三月,忽必烈于开平召开了忽里台大会,正式以大汗自称,定为中统元年。

同时,阿里不哥也在和林被推举为大汗。

这是蒙古第一次同时召开两场忽里台大会,也是蒙古第一次同时出现两名大汗!

3. 南宋夕照

摇摇晃晃的汗位

然而忽必烈的汗位并不稳固,阿里不哥及其拥护者仍然坚持反对到底,于是形成了很大的威胁。正在无计可施之际,忽必烈又想到了南宋。

"如果能将南方的宋拿到手,那么对于自己的威望、实力,一定会有很大的帮助。"

突然,眉毛一扬,忽必烈不禁笑开了:"对了!"他拍了一下大腿。

"贾似道!上次的议和,我怎么给忘了呢!只要当初宋宰相贾似道的口头承诺一兑现就好了。"

一会儿,他又陷入沉思了。

"那应该怎么做呢?"郝经走近忽必烈身旁。

"大汗！"郝经毛遂自荐地说，"让我去宋当使者吧！"

忽必烈讶异地转过头，停了半晌，缓缓地点点头："好！有劳先生了。"

惺惺相惜的君臣两人想到的虽是同一件事情，但其实两人是各怀心思。

忽必烈虽然希望借着征服南宋来亲近他从小就喜欢的儒者，但眼前他更企图以此增加自己的威望与实力，进而逼退阿里不哥，使他自己的汗位更加稳定。而郝经则不同，他是个博学多闻且十分传统的儒家学者，跟在忽必烈身旁的这么多年，虽然大汗倾慕儒家文化，但总还不脱蒙古暴戾征讨的气息。这么多年的征战，使得南宋人民受尽了苦头，边境的百姓成天紧张兮兮、提心吊胆，常见到襁褓中的孩子没有了父母。想到孔子的大同世界，他暗自希望："一定要让双方停止战争，让可怜的百姓生活安定！只要贾似道愿意履行上回的议和条件，一切就都好办了！"郝经想着，不禁露出了微笑，替百姓们高兴着。

可惜，君臣二人都不了解贾似道这个人！

看看这时南宋的情形吧！

在当时南宋的首都临安，大街上车水马龙，人们开开心心地在街市上逛着，人流如织。

"来喔！好吃的糖葫芦喔！"

"大娘，这匹布可是最有名的丝绸啊！这是您的女儿吗？要出嫁了，会不会不舍得啊？"

"大叔，要不要来碗茶，歇歇腿？"

"来喔！南北杂货什么都有，看看喔！来喔！"

"我要这个啦，买给我嘛！娘！"

小贩的叫卖声此起彼落，不时还夹杂着小孩的哭闹声！这种场面实在令人很难想象蒙古大军其实就在不远处了！但是由于贾似道四处张贴布告，宣传自己伟大的战绩，将南宋军队讲得似乎能够上天下地般威猛，所以，就算提到蒙古大军，大家还是一派自若。

"唉！那不过是北方的蛮族罢了，有什么好怕的！"

"对啊对啊，我还听说啊，这长江就可以抵挡百万雄兵呢！怕什么！来，喝！"

大伙都放心地生活着。这就是繁荣热闹的临安。

这其实是贾似道创造出来的临安。上次的议和之后，他早将蒙古的威胁抛在脑后了！贾似道萧规曹随地学着丁大全，将所有危急的军情都封锁，用这招来粉饰太平，所以，纵使前方战事已经火烧眉毛，临安城依旧繁盛。正当他得意扬扬于自己滴水不漏的手段时，来了个不速之客！

1260年农历七月，郝经拿着忽必烈汗的信件拜见贾似道，表明大汗希望继续谈论议和事宜，并安排领土交割事项，听到了此事，贾似道冷汗直流。

"这……这……怎么可能呢？"他嗫嚅着，"怎么办是好？"

一不做二不休，贾似道决心瞒到底。"来人啊！替蒙古使者找间上好的房子，好好伺候着。"

"大人请等等！我来此地是为了让两国人民能够有安定的生活，不是来享受的！大人当初既然承诺了，那么就应该实践啊！您也是读圣贤书的，这'信'一字可不能忘啊！大人……"郝经的苦口婆心还在持续着，人却已经被软禁了。

而郝经这一去，直到宋恭帝德佑元年（1275年）二月才被释放送回。这十六年之间，贾似道成为南宋唯一的

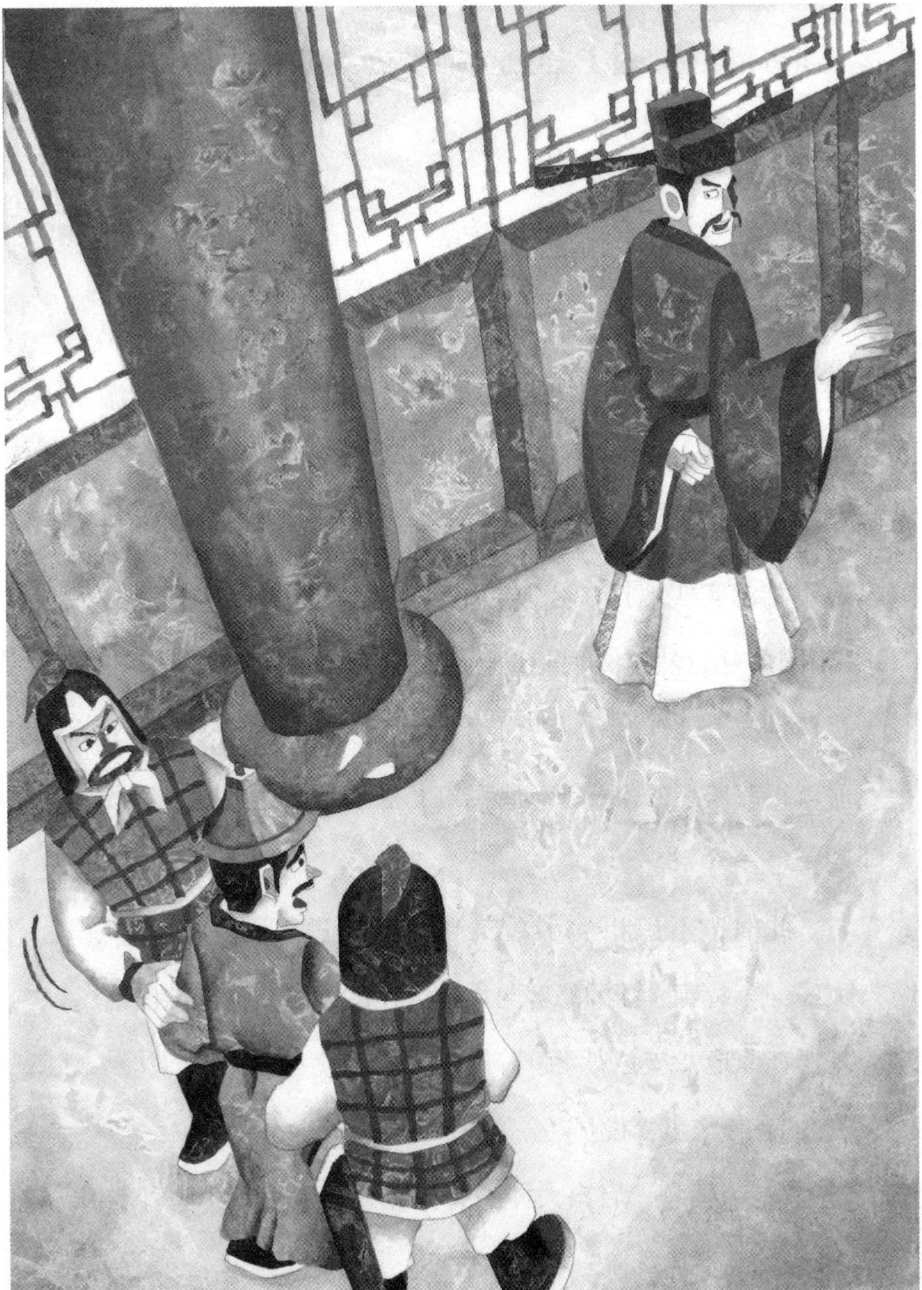

主事者，虽然经过了三任皇帝的统治，但理宗、度宗、恭帝都只是傀儡罢了。

※　　　　※　　　　※

郝经的一去不回，一开始还让忽必烈弄不清楚，想着："或许是被留在宋朝款待了吧！"于是忽必烈又陆续派了三名使者，结果却都是如此，一去不返！

"砰"的一声巨响，把大臣们都吓呆了，忽必烈一只大手结结实实地打在旁边的小桌上，桌子立时四分五裂。"宋国朝廷竟然这么大胆！什么仁义道德、什么诚信，书都读到哪儿去了！汉人嘴上不都说'不斩来使'吗？"平时就很有威严的大汗，气得涨红了脸，旁人连大气也不敢喘一声。

此时，不识相的小兵气喘吁吁地进来了："大……大……"看着大汗的怒容与周遭大臣的脸色，他结结巴巴地愣在原地，忽必烈死瞪着他。

"有什么事！说！"

"是……是，启禀大汗！有消息来报，阿里不哥汗与其他诸王就……就要……就要起兵了！"小兵话一说完，紧张得"咚"的一声颓坐在地上。

"什么？真的？"大汗一下子由盛怒转而哀伤，近乎喃喃自语地说着，"我就知道他们迟早会有行动的，却没想到竟然这么快！唉！我们是亲兄弟，我们是手足啊！"

想着母亲，忽必烈不禁掩面叹息！

廉希宪走了出来："大汗，事已至此，看样子两边的战争是免不了了！这贾似道虽然拘留了郝经，但我想他还是害怕大汗的，应不至于对郝经不利。但是阿里不哥的情形就必须当机立断，否则一旦他与诸王联合起来，恐怕就不容易应付了。大汗请慎思啊！"廉希宪十分详细地分析了当前局势，也将忽必烈从起伏不定的情绪中拉回了现实。

不久前的两场忽里台大会中，两人都以"大汗"自称，且阿里不哥在传统选汗大会的和林举行，因此更具权威性。但由于忽必烈拥有重兵，阿里不哥并不敢明目张胆与之对抗，而此次是由于东路诸王、贵族等无法容忍忽必烈与汉人交好，才迫使阿里不哥鼓起勇气一战。

"是啊！战争是不能避免的了。我知道郝先生一直希望两国能和平，只是，唉！这也怪不得我了。南宋之事，就暂时停下吧……等等，我必须先写封信警告贾似道，让他知道我可不会就这样放过南宋。接下来，就是全心全力对付阿里不哥了！"

一旦冷静下来，忽必烈就是忽必烈，果断厉害。

忽必烈亲自挥军北上，直指漠北，朝阿里不哥发动了攻击。他以宗王移相哥为前锋，进攻和林地区，前后历经了两个月的激战，阿里不哥节节败退，逃往自己的根据地谦谦州。忽必烈命令移相哥率领部众留守在漠北边境，严防阿里不哥来犯。

秋天到了，蒙古草原又是草长马壮的好季节，阿里不哥在谦谦州逐渐恢复了势力，想着蒙古家乡的景色，他决定再次夺回应该属于他的草原。

一早，忽必烈的大帐中传来了一封书信，引起了众人的注意。

一名小兵急急忙忙地跑到忽必烈的议事处，当时忽必烈正与姚枢、许衡议事。

"启禀大汗,有要事禀报。刚刚有阿里不哥的使者送了封信过来,正等着拜见大汗。"

"什么!"忽必烈一下站了起来,姚枢与许衡也是面面相觑,大家都想不到阿里不哥竟然还有胆子来这儿。

"怎么不早说!阿里不哥的使者在哪儿?"

"就在前堂候着。"小兵说。

忽必烈略定了定神,慢慢地说:"请他进来吧!也请两位先生一起。"

小兵快步退了出去。三人不发一语地等着,却也蹙着眉头暗自思索。

使者进来了。

"启禀大汗!我是阿里不哥王派来的使者,想将王的一封信送来给您。请过目!"语毕,他从怀中拿出一封信,谨慎、恭敬地捧在双手上。看到他恭敬的态度,三人都有些诧异,想着,难道阿里不哥决心降服了吗?

"嗯,"忽必烈点了点头,吩咐旁人,"呈上来。"

忽必烈认真地看着信:

"我们是同母所生,我们都是成吉思汗的子孙,我们的母亲、祖先都不乐意看见我们骨肉相残，经由一阵子的休息、思考，及旁人的开导，我想，也许哥哥才是我们蒙古未来的共主。听说，当爷爷还在时，对您也是赞誉有加，十分疼爱，因此，我愿意服从您，愿意当您的臣子。"

"……"良久，忽必烈静默不语，对着信发呆。

他的眼中闪过一丝泪光，一字一句地吐出："回去转告你们的王，我永远欢迎他，欢迎我的亲弟弟回来。"

"是。谢谢大汗！"使者回去了。

但若是认真观察，其实旁边的两位谋士，聪明的姚枢、许衡却面露不安。只是大汗对自己的亲人总是百分之百信任，因此两人对看了一眼，并没有说话。

这之后，阿里不哥不时来信，或者向忽必烈请安，或者说明自己的状况，期待能尽快回到开平与哥哥相见。忽必烈十分开心，脸上总是挂着笑容。

"大汗，最近您的心情似乎很好！"察必看着忽必烈开心的样子，也笑着说。

"是啊，想到我们兄弟终于可以和乐地团圆，我就非常开心。我的母亲、祖父成吉思汗，以及蒙古的祖先们应该都十分欣慰吧！这块草原上已经有太多骨肉相残的故事了啊！"此时，他不说话了，眼前似乎出现了父亲拖雷的身影。

"大汗！阿里不哥真的愿意归服吗？"察必看着自己的丈夫。她知道丈夫的心情，但，又不得不开口问。因为她觉得姚枢的话十分有道理。

原来，就在前一天，姚枢曾经来找过察必。

姚枢认真分析着："大汗太相信阿里不哥了，这实在太危险了。您想，阿里不哥谋划了这么久，耗费了这么多的人力，甚至我还听说有些贵族仍然支持着他，在这样的情形下，他怎么可能会无条件地降服呢？未免太不合常理了！"

"嗯……"察必想着。

"而且，我派人询问过在漠北监视的移相哥，他说……"

"移相哥怎么说？"

"他说，根据他的观察，阿里不哥这一年在谦谦州虽然表面上不动声色，但其实暗地里依旧偷偷练兵、囤积粮食。既然要归服了,他又为什么要花这些力气呢?"姚枢一口气说完,期待地看着察必皇后。他知道,聪明如察必,一定会帮助他们的。

"唉!真是辛苦你们了!"察必感激地看着眼前忠心的臣子,"这些话大汗都听不进去,对不对?"可是她也十分了解丈夫的想法。

姚枢点了点头。

察必继续说道:"所以你希望我替你跟大汗说这些话。是吗?"

"是的。当然阿里不哥也有归服的可能,可我们不能这么一味地相信他,否则会有危险的。何况,根据他的来信,再一个月,他就要启程来开平了,他的前来到底怀着什么目的,这真是令人烦忧啊!"姚枢由于太过担心,连说话的语气都变得急促起来。

"好的,我会试试看的。"察必慎重地答应。

所以,今天察必才会向忽必烈提起这件事情。"大汗,您还是要稍微小心点啊,毕竟阿里不哥是个聪明的人。"

"你也觉得他聪明啊!这样更好,等他回来开平,才能够帮我治国啊!"忽必烈完全听不出察必的担心,他太高兴了。

"大汗,难道您就这么相信他,一点都不怀疑吗?当初阿里不哥花了这么多力气来争取汗位,如今却轻易地归服,难道您就一点都不觉得奇怪吗?"察必小心翼翼地说着。

忽必烈看了一眼他的爱妻,觉得有点奇怪:"你怎么跟姚枢他们一样啊?他可是我的亲弟弟,他的性子一向高傲,现在都愿意这么低声下气了,难道我还不接受他吗?"忽必烈提高了声音,"如果我连这点度量都没有,又怎么有资格当大汗呢?"他动怒了。

察必知道,姚枢的这招是行不通了。

十月,阿里不哥浩浩荡荡启程了。

因为忽必烈汗的命令,移相哥完全没有采取任何动作或者提高警觉,仍然维持正常战备。但是,阿里不哥大军在经过和林时,没有按照原先南下的路线,却突然转向,往移相哥袭来。阿里不哥的军队经过一年的整备与训练,正待好好施展一番,而移相哥这边虽然军力充足,但是却没有足够的时间应变,很快,和林就失陷了,移相哥的部队几乎全军覆没,只剩下移相哥带着一小队人马,冒死杀出重围。

当移相哥伤痕累累地在大汗面前请罪时,忽必烈气得将桌上的花瓶一掌劈下,碎片四散,连血喷上了衣服也不觉得痛。"这……这……"盛怒之下,大汗的牙齿都咬得颤抖着。

"好啊!这阿里不哥,枉费我这么掏心挖肺地相信他。好一个阿里不哥啊!"

十一月初,移相哥率着大批人马,再度与阿里不哥展开激烈的战争。这次的战役十分惨烈,阿里不哥心里明白,这一输就是输到底了,于是他的军队早已不管任何的战略,只是死命战着。一时间,士兵的惊叫声夹杂着马匹的嘶鸣,尸体遍布在战场上,直到夜晚的到来,一切才渐渐归于平静,只剩下虚弱的哀号声。衬着月光,一切都是惨白的,连红色的血渍都变得冰冷苍白!

于是1264年农历十一月。阿里不哥败了。

忽必烈驱走了他帐中的所有人,独自坐在大帐中等待着。

阿里不哥进了门，低头不语，只听得风声呼呼响着，其他一切都是停滞的。一站、一坐，两人始终僵持着，没有人愿意开口。阿里不哥只是双手紧紧握拳，就如同受伤的野兽般，即使再不情愿，也不得不低头。

"唉！"忽必烈叹了口气，"弟弟……"他看着阿里不哥，缓缓地说道，"究竟这场战争是谁得到了利益呢？是谁对了？是你还是我？"他不解地摇摇头。

"过去是我，现在是你。"阿里不哥说着，嘴角露出了一丝冷笑。"大草原靠的是拳头，我输了，我承认，但我永远不会承认你是大汗的，依照我们的传统，你不应该是大汗，你自己知道的。"声音未落，他转身走出了大帐。

忽必烈仍旧呆坐着。

这是他们兄弟最后的对话。此后，忽必烈保留了阿里不哥的财产、领地，让他仍旧过着从前的生活。但是当时跟随着阿里不哥的贵族却全数被杀。阿里不哥也在不久后因病而死。

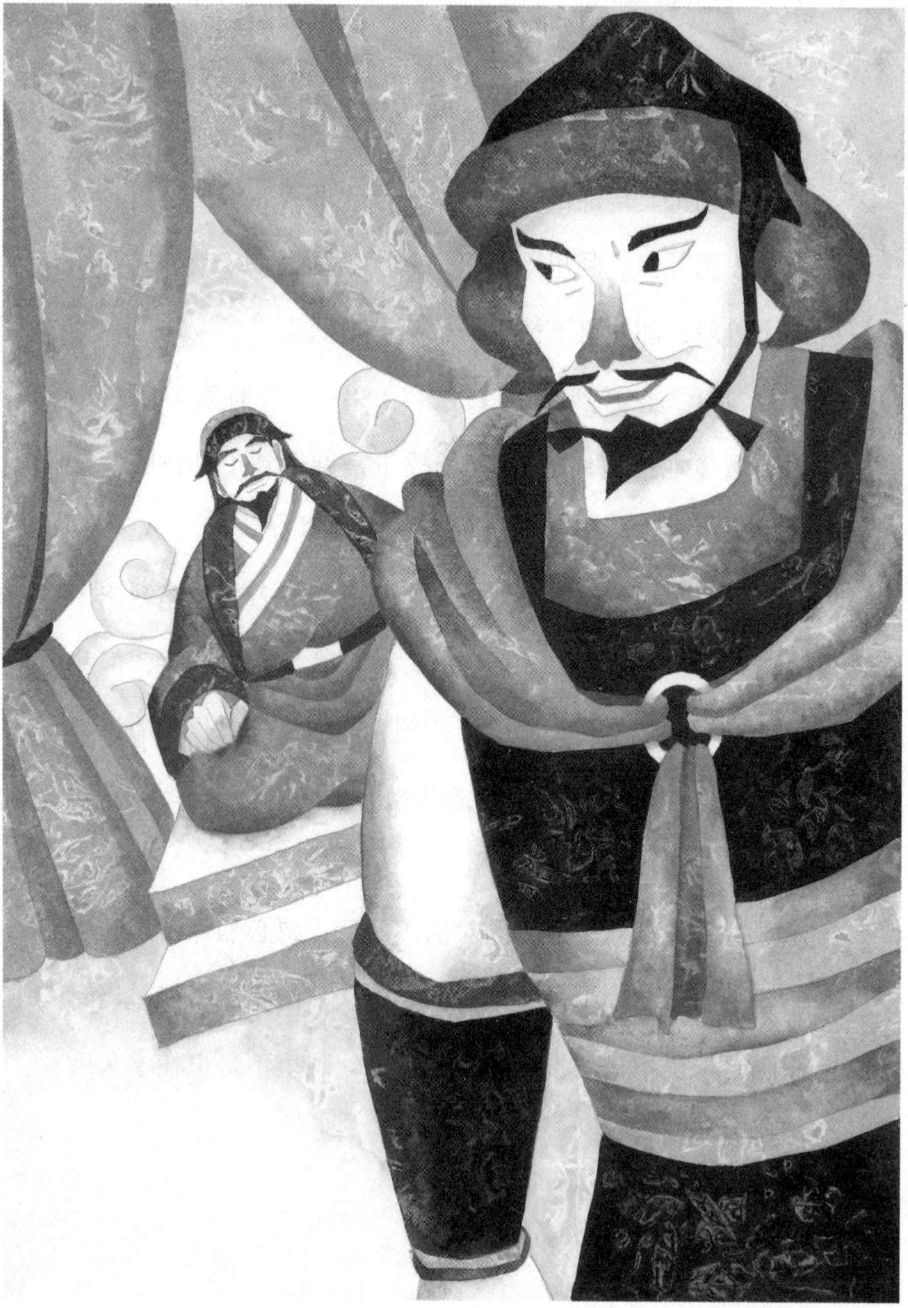

※　　　　※　　　　※

这年，1264年，忽必烈正式成为草原大汗、蒙古的主人！

忽必烈定都于燕京，改名大都，并将上次忽里台使用至今的年号"中统"改为"至元"，为至元元年。直到七年之后的1271年，忽必烈又召集了学者群聚大都，并取用《易经》中"大哉乾元，万物资始"，建国号为"元"，表示从这一刻起，元朝的开创将使得天下万物获得新生，一切皆能繁盛。一个由蒙古人建立的朝代，正式展开。

在姚枢、许衡、刘秉忠等人的共同制订之下，元朝的制度渐渐形成了，中央有中书省、枢密院、御史台，地方有行省、行台、宣慰使、访廉使等，此外尚有路、州、县等各级政府组织，虽然这个朝廷是按汉人的官制建立，但忽必烈依希望这是个"蒙古人的朝廷"，因此所有机构的最高官员皆由蒙古人担任，汉人只能居副手之位。

十分熟悉汉人的忽必烈清楚地知道，以蒙古草原上的游牧生活发展出来的管理制度，以及成吉思汗时期所制订的各种军政策略，都过于简略，用来治理拥有上亿人口的中原地区是绝对不够的，因此他定下了"二元政治"的治国原则。即由汉人治理汉人，由蒙古人治理蒙古人。

而这样的制度，甚至汉人只能担任副手的规定，都透露出忽必烈对于汉人的态度是"既想用又怕遭背叛"。汉人曾给予他许多帮助，但"李璮叛乱"又使忽必烈无法全心全意地相信汉人。

先看看忽必烈与汉人间发生了什么事情！

信心危机——汉人能不能相信？

李璮是山东汉人世族。所谓世族，也就是地方上的大家族势力。李璮家族长期居住在山东地区，山东又是个富庶的地区，因此李氏家族有钱有势，据地为王。蒙古政权侵宋后，李璮想："看样子，宋朝也撑不久了，被蒙古打败只是早晚的事！好，就这样做吧。"

"启禀大汗，您好，我是李璮。"他竟然千里迢迢亲自跑到忽必烈跟前请安来了！

忽必烈见到这个意外的访客，心里实在有些诧异，说道："有什么事吗？"

"启禀大汗，事情是这样的，小的长久以来就听闻大汗的英勇事迹。传说中，大汗只要一支箭就能射下天上的五只飞鸟，还能徒手生擒大老虎呢！"

"是吗？哈哈哈……是吗？"看到忽必烈有些飘飘然的，李璮更是尽力瞎扯了，"当然是啊，大家都说大汗机智过人，善于谋略，和大汗相比，我们汉人都只能算是三岁小孩呢！"李璮说得天花乱坠、口沫横飞！

"过奖了！这只是你们乱传的！哈哈哈！"虽然忽必烈嘴上谦虚着，心里可得意得很呢！不由得好好地看了看这个汉人。

"启禀大汗，小的所说可都是真的喔！小的哪有胆子骗您呢！更何况，凭您的聪明才智，要是小的一说谎，大汗一下就看出来了，我怎么敢呢！"

"哈哈哈！是吗？"

李璮偷偷瞄了一眼，旁边的大臣面露不屑，不过忽必烈可是笑得双颊都红了呢！

李璮得意地笑了，然后愈说愈起劲："大汗，小的家族世居山东，对当地十分熟悉，只要稍微打听一下，就可以知道李氏一家是山东最有声望的世族。"

停了一下，李璮继续说道："小的正因为倾慕您的英明，因此，代表山东全体百姓想要归服于您。"语罢，他慎重地对忽必烈行中原皇帝才享有的"三跪九叩"之礼。

忽必烈看看他，心里想着："嗯，这样也好，看来这李璮在山东有权有势，他若能助我，山东必能成为我的根据地。"

于是忽必烈朗声说道："好，没问题！你们要当我忠心的臣子，知道吗？"

"是！"李璮喜出望外，没想到事情这么容易就办成了，"启禀大汗，小的还带了宝物想孝敬大汗！这是山东百姓的一点点心意，不成敬意，请笑纳！"李璮一喊，立刻有两名壮汉牵了两匹高壮的白马进来。"哇……"殿上一阵惊呼，连那些不屑李璮这种谄媚手段的大臣也不禁轻呼！即使在蒙古，都很难找到这么美的白马啊！①

---

① 蒙古人最喜欢白马，认为白马是马儿中最尊贵的，所以蒙古的亲王们都爱骑白马在草原上奔驰。

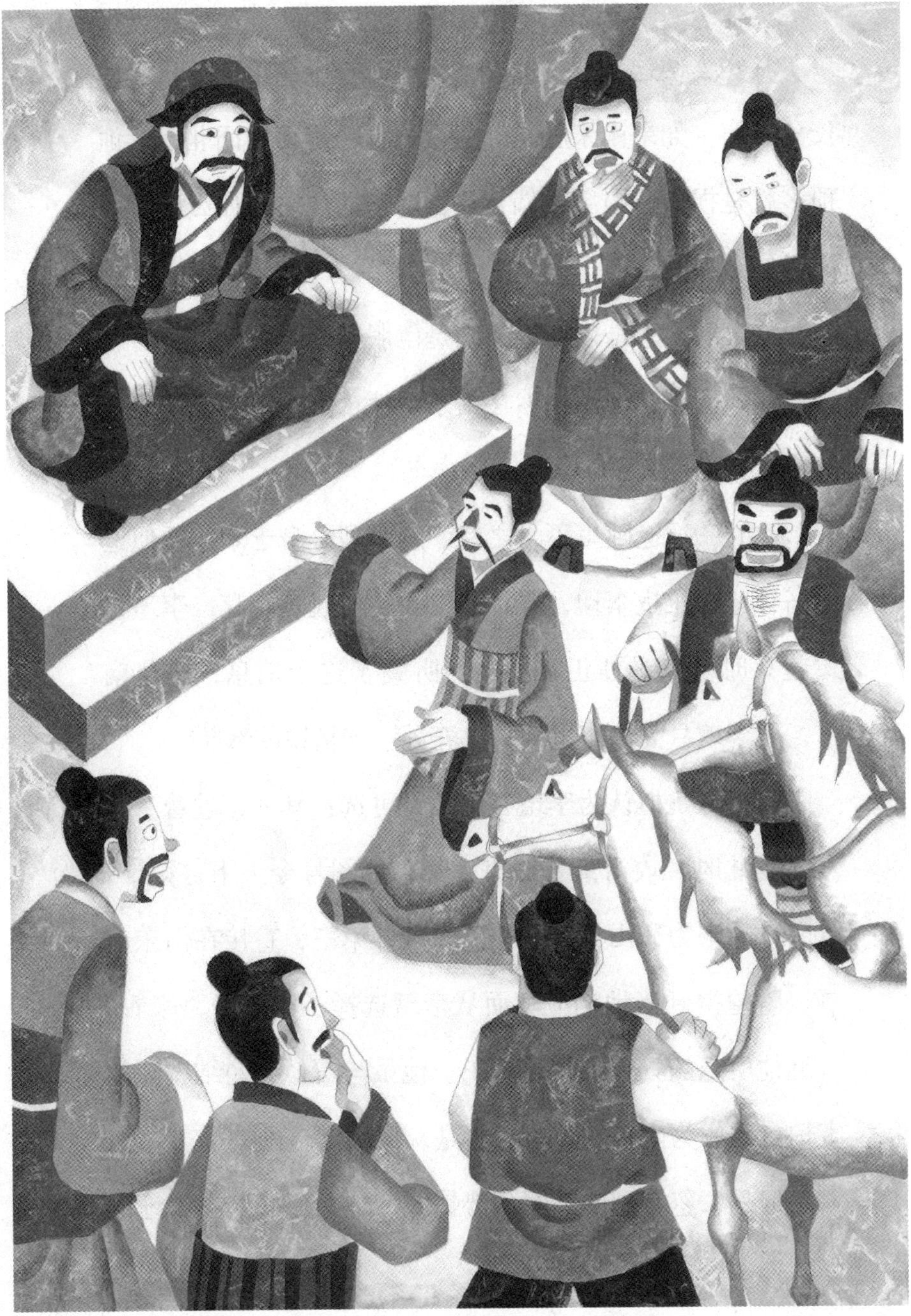

其实李璮这一着，不过是替自己找个靠山罢了！所谓狡兔三窟，如果南宋胜了，那么蒙古一定得退回北地，他顶多就是损失些财宝；倘若蒙古取宋而代之，那么他可就成了忽必烈的亲信了！

这之后，李璮表面上的确是臣服于蒙古政权的，时时进贡各式珍宝，但他仍然在山东继续扩大势力，且同时与南宋保持良好关系。

此时，适逢阿里不哥之乱，忽必烈分身乏术，贾似道用高官厚禄拉拢李璮，并且怂恿他趁机起事叛乱。李璮正式起兵时，忽必烈正在漠北，听到了这个消息，仓皇南下，而李璮身为山东世族，也养了一支精锐的部队。

当时，姚枢认为李璮有三条路可选：其一，趁着忽必烈在漠北时，攻击重要城市大都，以图号令天下；第二，以南方的宋为靠山，突袭边关地区；第三，直接在山东起事，盼望得到当地响应。而从李璮选择了第三条路来看，可见他所想的只是要据地为王。他虽与贾似道勾结，却也害怕自己成为南宋的弃子，于是，他决定自己动手。

但是，忽必烈的大军声势惊人，加上忽必烈在汉地的经营已经颇得人心,所以并没有汉人愿意,也没有人敢资助李璮。李璮在孤军作战的情形下,很快就失败了!叛变仅仅五个月就宣告结束(1262年)!

李璮的事情一爆发,忽必烈就将王文统监视了起来。因为有可靠消息密报王文统与李璮勾结,所以他在开平即位之时就刻意拔擢王文统为第一任的中书省平章政事,也就是一人之下万人之上的宰相,希望能收服他的叛乱之心。

王文统跪在阶前,不停地哆嗦:"大汗明鉴,李璮是我的女婿,我们的确是联络密切,他也……他也……的确跟我提过'谋反'的事情,可是……"

说到此,他鼓起全部勇气抬头一看,只见忽必烈的眼睛瞪大了,双颊都涨红了,恶狠狠地盯着他看,似乎想将他一口吞下似的。

"可是什么?说!"

一个震耳的"说"字,把旁边的小兵都吓呆了!

"可是……我从来没有帮助过他啊!真的,小的真的没有。""咚"的一声,王文统双膝跪下,眼泪也汩汩流出，这时，他脑中所想的都是忽必烈对自己的提拔。

此时，一名侍卫走来，附在忽必烈耳边小声说道："大汗，刚刚已经从王文统家中搜出大量谋反的罪证，证明他的确是李璮的同党。大汗，请看这些。"接着，侍卫将一大沓信放在忽必烈眼前的桌上，忽必烈稍微翻了翻，赫然见到"期甲子"三字，"哗"的一声，信件纷纷掉落在地，忽必烈气极了，连翻信的手都不停地抖着。

"大汗，李璮的确想要我资助他，我写出'期甲子'是为了拖延啊！现在离甲子年还有三年之久，微臣是想先暂时拖延他的行动啊！大汗明鉴！"

原来，王文统曾告诉李璮若要起事，需要等到"甲子年"，只是这究竟是缓兵之计，还是图谋不轨的证据，就看忽必烈怎么想了！

"你……你好啊！想当初，我是如何提拔你的，是怎么对你委以重任、授以重权的？我待你不薄，你就是这样回报我的！你就是这样回报我的！你们汉人就是这样报恩的！就是这样！"

"来人啊！拖出去！"就在此时，侍卫立刻进来，将王文统拖了出去，刀起头落。

接着，忽必烈派人将身边所有的汉人谋士叫了过来。他看着站成一排的、他所倚重的汉人学者，说道："王文统已经被我杀了。现在，你们说谁可以取代他的位置？"他几乎是接近狂吼地问着。

只见台下一群汉人学者你看我、我看你，无不是满脸惊恐、不知所措。静默持续了好长一段时间。

"唉！"忽必烈叹了口气！

此事之后，忽必烈对汉人学者的信任已成为过去式。他对于汉人的人格品行大大地感到疑惑，他不懂，为什么这些孔子、孟子的学生是这样的？连他这么重视、大力提拔的王文统都会背叛他，他还能相信谁呢？

之后，汉儒大臣们纷纷上书，自请削去重要职务，忽必烈也立刻批准了。

忽必烈趁此机会，将在汉人世族手上的权力收了回来。第一，他实行军民分治，规定各路总管、万户只能管理民事，不能干预军务，另立机关总理军队。其次，削弱、消灭世族：规定世族军阀除了一人任官之外，子弟都不得世袭；并实行了对于汉人极为严苛的"迁转法"，即要所有的汉人重要官吏离开家乡，到外地任职，以彻底避免他们在原地坐大。第三，他设立了中央军事指挥部，即"枢密院"，由他的儿子亲自当枢密院使，而重要的职位都由蒙古贵族担任。

忽必烈渐渐开始信任其他民族，并以"二元政治"成为他的施政法则，他发布了"以蒙古人充各路达鲁花赤（总监），以汉人副之，以回族人充同知，永为定制"。

与南宋第二次交锋

这一路来，忽必烈始终把对南宋的征讨放在第一位，但是却总有着奇奇怪怪的事情阻挠着他！

当初几乎夺下鄂州之际，他不得不暂时放下对南宋的征讨。现在一切都平定了，他终于可以专心地讨伐南宋了。

"各位，对于宋我们已经仁至义尽。他们拘禁了我重要的臣子郝经，这是宋的背信弃义，现在，我们要让宋的赵昀知道，我们蒙古人是不容人欺侮的。"这是出兵前，忽必烈对于全体大军的誓词，并依照成吉思汗时期的仪式，向长生天祈求胜利！①

这次，由刘整负责伐宋大任。刘整是河南邓州人，本是金国将领，金亡后他投降了南宋，曾多次抵抗蒙哥汗入侵。后来他因与贾似道不合而被诬陷，为了避祸，于是他以潼川安抚副使的身份，率泸州十五郡三十万户归降蒙古军，成为忽必烈麾下的大将。

当时，曾有人质疑刘整是诈降。刘整不卑不亢地回应道："俗语说：良禽择木而栖，贤臣择主而事。如今的宋权臣当道，赏罚无据，有功者除之，媚主者受赏，这样的朝廷已经不值得我效命了。而臣下早听闻忽必烈汗的英勇，因此愿为所用。"这一番话，让忽必烈觉得相见恨晚而深信他。

这日，一场军事会议上。

"皇上，应该先进攻建康城，然后……"

"皇上，先打四川，当时蒙哥汗……"

---

① 向长生天祈求胜仗：成吉思汗对长生天十分敬畏，在出兵之前，必定有个盛大的祭天仪式，由成吉思汗主祭，先将马奶洒在四方地上，对着四方大喊，请求长生天给予帮助，并宰杀一匹精壮的白马作为牺牲。经过了这样的仪式之后，成吉思汗就会带着大批军队前去战斗。

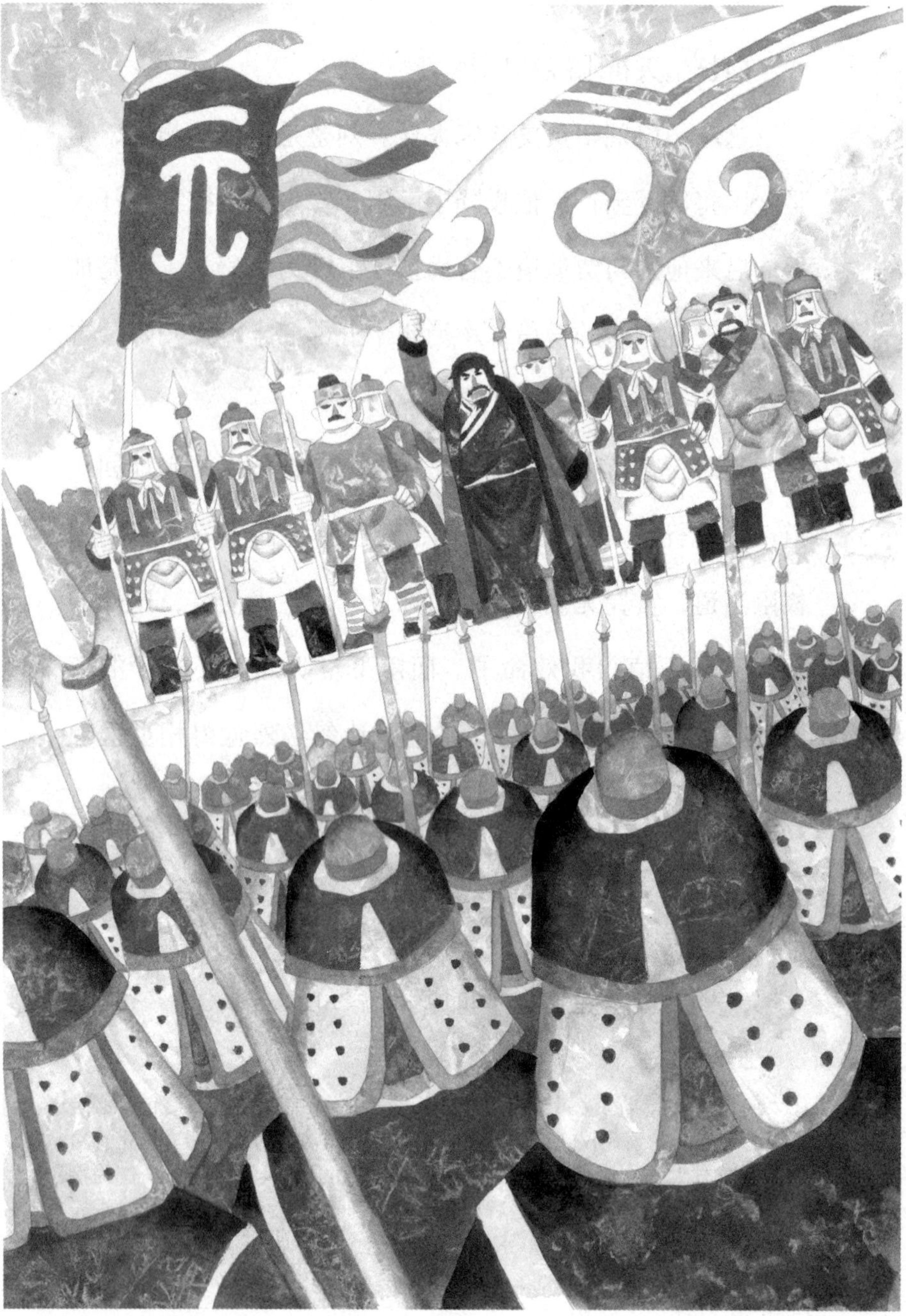
元

"皇上，要拿下建康必然要花很多的时间，不如……"

"先攻襄樊是对的……"

将领们分为数种意见，各自坚持，正僵持不下。忽必烈对于南宋十分熟悉，却也拿不定主意。

"咳……咳……皇上……"刘整清了清喉咙，提高了声音，一下子，大家静了下来。年逾五十的刘整在南宋时就以善战、善谋略著称，个性老成持重，向来很受敬重，听到他的声音突然提高，大家都吓了一跳！

刘整整整衣冠，恭恭敬敬地上前一拜："启禀皇上，攻四川不如攻襄樊，宋朝现在偏安江南，以吴越为根据地，而襄樊正是此间要地，一旦拿下此地，就可直取临安，那么，江南地区就唾手可得了！"

"说得好，就这么办！先攻襄樊，再取临安！"忽必烈转忧为喜，用洪亮的声音大声地宣布着，蒙古人好战的天性又被燃起了！

※　　　　※　　　　※

其实，众将领所提出的地点都位于长江沿岸，建康、两淮位于长江下游,荆楚、巴蜀为长江上游,而襄樊就在这中间。因此,主攻襄樊,再派少量军力牵制建康与两淮,使彼此无法相互救援,那么一旦襄樊城破,临安、巴蜀也就不攻自破了。

只是,当时大家都一致认为宋朝已经十分糜烂了,却没想到这襄樊一战,竟耗时六年(1267—1273年),着实让蒙古人吃足了苦头。而这一战也是忽必烈在对南宋战争中取得最后胜利的关键。

※　　　　※　　　　※

南宋的皇帝赵昀驾崩了,在贾似道的策划下赵禥(度宗)即位,他是个风流皇帝,成天流连于女人堆中,将所有事情交给了贾似道。

度宗咸淳三年(1267年),蒙古军开始攻打襄阳、樊城了。蒙古大军由刘整、阿术、史天泽三人率领,将襄樊团团围住。

襄阳与樊城是南宋护卫富庶、肥沃的长江沿岸的最后堡垒。因此,分别由南宋两员大将镇守着,吕文焕守襄阳，范天顺守樊城。

一开始，忽必烈包围襄樊，使城中弹尽粮绝，但也使得大批蒙古军队在此被牵制多年，损伤惨重。后来，一支南宋人民组成的义勇队突破重围，将武器、物资等送进城中，忽必烈的包围策略至此宣告失败。

随着时间过去，吕文焕数度以代表急件的"蜡书"奏请粮食、援兵，却始终落空。朝廷只重复说着："襄樊城池坚固，储粮甚多，起码可支撑十年之久，何患之有？"

当时，赵禥整天纵情于声色之中，所有的朝政都交给贾似道，所有呈给赵禥的奏折都是先由贾似道看过的。于是，只要有谁胆敢说贾似道的坏话，或提及南宋兵败，那个人必死无疑。

某天，当赵禥与妃子在花园中游玩时，听到了一旁宫女的对话："你有没有听说啊？蒙古军队快要打进来了！怎么办啊？"霎时，赵禥的脸色刷一下全白了！"来人啊！把贾似道给朕找来，立刻！"

"皇上，请问有什么事吗？"贾似道上了大殿，嘀咕着:"太阳打西边出来了,皇上竟然上了大殿,打扰我玩蟋蟀的兴致!"

"……"等了半天,赵禥不作声。他抬头看看皇帝,倒是吓了一跳,赵禥正死死地盯着他。

眼见情势不对,先说几句好话哄哄吧!"皇上,您的气色不好,请保重龙体啊!"

"你给朕说清楚,和蒙古军的战争到底打得怎样了?"

"皇上,一切都很顺利啊!我们是捷报连连呢!"贾似道面不改色地瞎扯。

赵禥的脸色渐渐和缓了,不过仍旧追问着:"是吗?朕刚刚听到的可不是这样,听说襄阳和樊城已经被围多年了,是真的吗?"

"这是哪个该死的家伙说的?襄樊好得很!蒙古军大概这几天就要退兵了,皇上请放心。请问这是谁说的谣言呢?竟然企图混淆视听、扰乱朝政。"贾似道气得火冒三丈。

赵禥终于笑了。"是吗?那就好,那就好。也没什么啦,这是朕听两名宫女聊天提到的。做得好,做得好,真是辛苦你了!"

退出大殿,贾似道做的第一件事情,就是让两名宫女去向阎罗王报到。

襄樊在弹尽援绝的情形下,凭着吕文焕的毅力继续孤军奋战着。

包围策略失败后,蒙古军主帅刘整再次仔细地观察了襄樊的状况。原来,襄阳与樊城本来是两座独立的城,为了让两边可以相互支持,吕文焕下令使用船舶搭成"浮桥",将两座城连结为一体,河中布满了坚固的锁链与包覆着装甲的平底大船,使得两城合为一座,声息相通,才得以不被攻破。

刘整开始制造五千艘战船,日夜训练水兵,决定以"破解双城"为首要大事。

同一时间,忽必烈也打听到了个好消息:"西方有种巨型炮台,威力无穷。"于是,忽必烈从西域征召了波斯工程师,制作了当时最为先进,也最具破坏力的武器——西域炮,即"巨型投石机",此投石机能把五十至一百多斤重的大石头轰进城中,据说力量可以让大石头入地七尺之深呢！

西域炮建造完成之时，刘整的水兵也完成了训练，于是，一场恶战开始了。

蒙古军打算将两座城池各个击破，以较小的樊城为先。阿术命水兵们潜入水中，砍断绳索，焚烧浮桥，断绝襄阳的援兵，刘整则利用西域炮不断轰击城墙。顿时，炮声隆隆，声势震天，巨石落下之处，城墙陷落、房屋倒塌，宋军第一次看到西域炮的威力，都吓坏了！终于，城墙崩塌了，蒙古军一拥而上，与宋军近身肉搏，遍地死尸，战争持续到深夜，南宋主帅范天顺力战而死，守将牛富、王福见大势已去，也前后投身火中殉城。樊城兵士们顿失主将，没了主意，身心俱疲，纷纷归降了。

度宗咸淳九年（1273年）正月，樊城被陷。

吕文焕得知樊城陷落，不断派遣使者冒死从城中快马至朝廷求援，却有去无回，音讯全无。

其实这些使者还没进入临安就被贾似道杀了！

所谓"巧妇难为无米之炊"，面对朝廷的不闻不问，吕文焕也无计可施了。

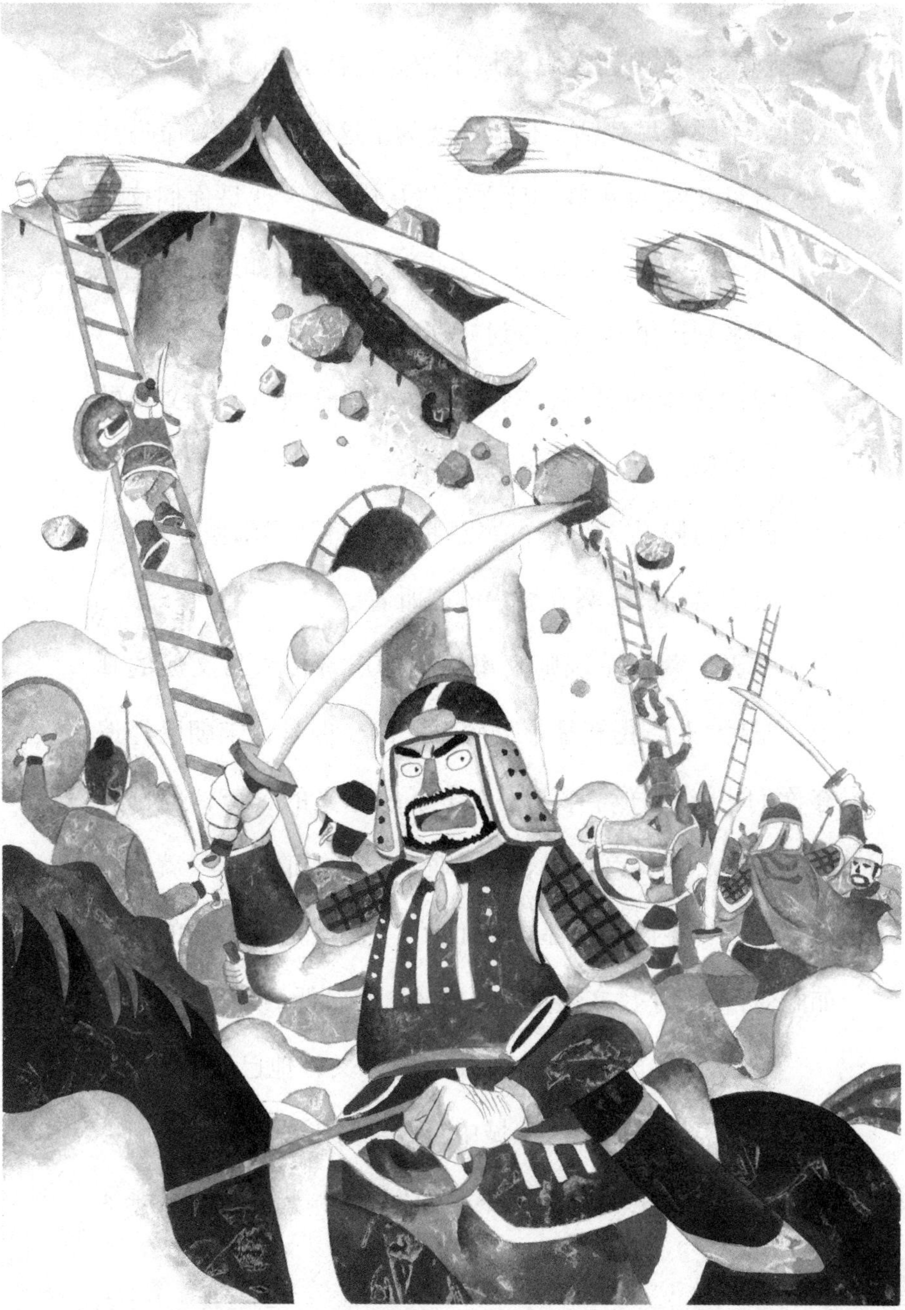

刘整亲自来到襄阳城城下招降。他大声喊着:"宋廷无道,不顾全城死活,你们还要为了这样的朝廷效命吗?"

看见叛徒的刘整,吕文焕怒从中来:"就是你们这些卖主求荣的人,为贼效力,才使得宋廷一败如此,你竟然还有脸来到这里。滚回去讨好那些蒙古人吧!"

曾同是宋的名将,刘整的话深深地刺痛了吕文焕的心,在愤怒之余,他开始犹豫了。

此后每隔几天,蒙古军总是派大将到襄阳城下劝降,吕文焕不再出面,只在城中静静听着。

一天,蒙古军统帅阿里海牙的声音传入吕文焕的耳中:"吕大人,我们是十分敬重您的,但是,宋朝已经遗弃你们了,这样苦撑下去,全了您忠义的气节,但百姓呢?您忍心这些百姓跟着受苦吗?我们知道城中早就没有食物了,百姓们甚至都易子而食了,您忍心看着您的百姓如此受苦吗?"吕文焕走上了城楼,继续听着。

"吕大人,大汗十分敬佩您的忠义,他已经下令了,如果您愿意开城门投降,城中百姓绝对平平安安,我们会给予他们充足的粮食,绝不动他们一丝一毫。"阿里海牙恭恭敬敬地朝吕文焕真心的一拜。蒙古人对于勇士一向是非常敬重的。

是夜，看着星空点点，吕文焕不禁笑了，笑自己的无能为力，笑自己可笑的坚持。

翌日，吕文焕大开城门，率领城中士兵出降。1273年农历二月，吕文焕接受了蒙古劝降，受封为襄汉大都督，并担任伯颜的向导，于三个月后拿下了鄂州。

历时六年的襄樊一战，结束了。

※　　　　※　　　　※

在这重要关头，南宋朝廷又一次易主，1274年农历七月，风流皇帝赵禥死去，四岁的赵㬎即位，即宋恭帝。由于赵㬎年幼无知，贾似道在朝中就更加肆无忌惮了！

与南宋第三次交锋

攻下了襄樊后，蒙古军队一口气直逼长江，水师与两岸的陆军相互呼应，势如破竹顺江而下。南宋简直是兵败如山倒，蒙古军所向披靡，各城镇将领早吓破了胆子，哪敢抵抗啊！

蒙古军与南宋的主力军队在芜湖附近相逢，南宋军队完全溃灭。

这时，忽必烈下令在归降的各处贴满了布告，告知各官府，也安抚百姓：

> 今诸州各县，仍各行就业，士农工商，各安其业，凡官吏与蒙古军官不得扰民，违者重罚，绝不宽贷。

因此，战争归战争，百姓们依旧安居乐业。

忽必烈的这张布告其实是很有代表性的，按照蒙古人的传统，凡征服一地一城，必然烧杀掳掠，甚至屠城，因此，这样的公告确实展现了忽必烈身边汉人学者的重大影响，以及忽必烈的仁厚。

※　　　　※　　　　※

战争已到了家门口。

小皇帝坐在大殿上，不住地看着太后，只要大臣讲话的声音稍大、表情稍微严肃点，小皇帝就放声大哭，一场早朝，就在小皇帝的哭闹下草草结束。而哪位上表的白发苍苍的大臣就倒霉了，会以"惊扰圣驾"之名被关进大牢。

情势更加危急了，贾似道在太后的强烈要求下，被迫到前线督师迎战，率领数十万大军沿长江而上。

途中，他再次想到了上次的事情，决定故技重施。他派了大臣宋京向当时蒙古军大将伯颜议和。不久前，刘整在蒙古军中身染重病而死，之后就由伯颜接下了攻打南宋的大任，成为蒙古军新统帅。

却说伯颜见到了贾似道派来的使者。

他微微笑着说："有什么事吗？"其实心中一揣摩，也就料了个八九不离十。不过，他决定先要耍威风。

"我是代表贾大人传递书信的使者，贾大人希望我们蒙古与宋能够保持友好关系，如此征战不断，对于天下百姓都不是好事情。如果贵军愿意回到家乡，那么，大宋愿意称臣，并且每年供给银子以作为答谢之礼。"宋京转述了贾似道的话。

"我们蒙古人向来喜欢打仗,更何况遇到这种不堪一击的军队,打起来轻松自在,可悠闲得很呢!"伯颜愈说兴致愈高,"所以啰,打这场仗一点害处都没有,顺便练练身体也挺不错的!而且你们这儿的天气可是比我们蒙古好太多了!"

接着,伯颜敛起了笑容,严肃说道:"回去转告贾似道,渡江之前要谈议和还有得商量,现在我们已经渡过了长江,议和是不可能了。不过,若他真有诚意议和,就亲自来这里求我,或许,我会考虑看看。"宋京脸上一阵青一阵白,悻悻然地退了出去,身后还传来了伯颜刺耳的笑声。

伯颜早就料到这胆小的贾似道连城门都不敢出,哪敢来这里啊!

贾似道终于应战了,但他信任的孙虎却是一败涂地,数十万大军顿时消失殆尽。见此惨状,贾似道连忙逃到扬州,并同时奏请朝廷迁都南方,太后气极了,不但不许,更是写了封书信将贾似道骂个狗血淋头。

或许是贾似道气数已尽,趁着他远离朝廷,一些臣子纷纷将他误国的证据上呈。其实太后何尝不知,只是朝廷也只能指望他,所以才一直隐忍不发,直到她发现了仍被拘留在宋朝的郝经,才知道贾似道闯下滔天大祸了!

于是,太后下定决心,罢去贾似道的官,贬至循州。

诏令颁布的隔日,贾似道启程了,沿途百姓纷纷聚集观看,准备了家中的锅碗瓢盆敲击庆贺,也有些人拿着各种东西往贾似道身上扔去,水果皮、菜渣、馊掉的食物,甚至排泄物,才刚走完三条街,贾似道已是满身污秽,奄奄一息了!之后不久,贾似道就死在了被押解至循州的途中,有传言说是被监押他的武将郑虎臣处死的!

贾似道虽然死了,但他闯的祸却是无法弥补的!

德祐元年(1275),太后亲自写了一封信给蒙古军,以小皇帝的名义自责误信了贾似道,对于贾似道"失信误国"拘留郝经、反悔议和等事低声下气地道歉,愿意称侄纳币,甚至称孙称臣亦可,只希望能"保留一些土地"。

无奈此时的蒙古军已经到临安了。

就在太后不死心,欲再度恳求议和时,接替贾似道

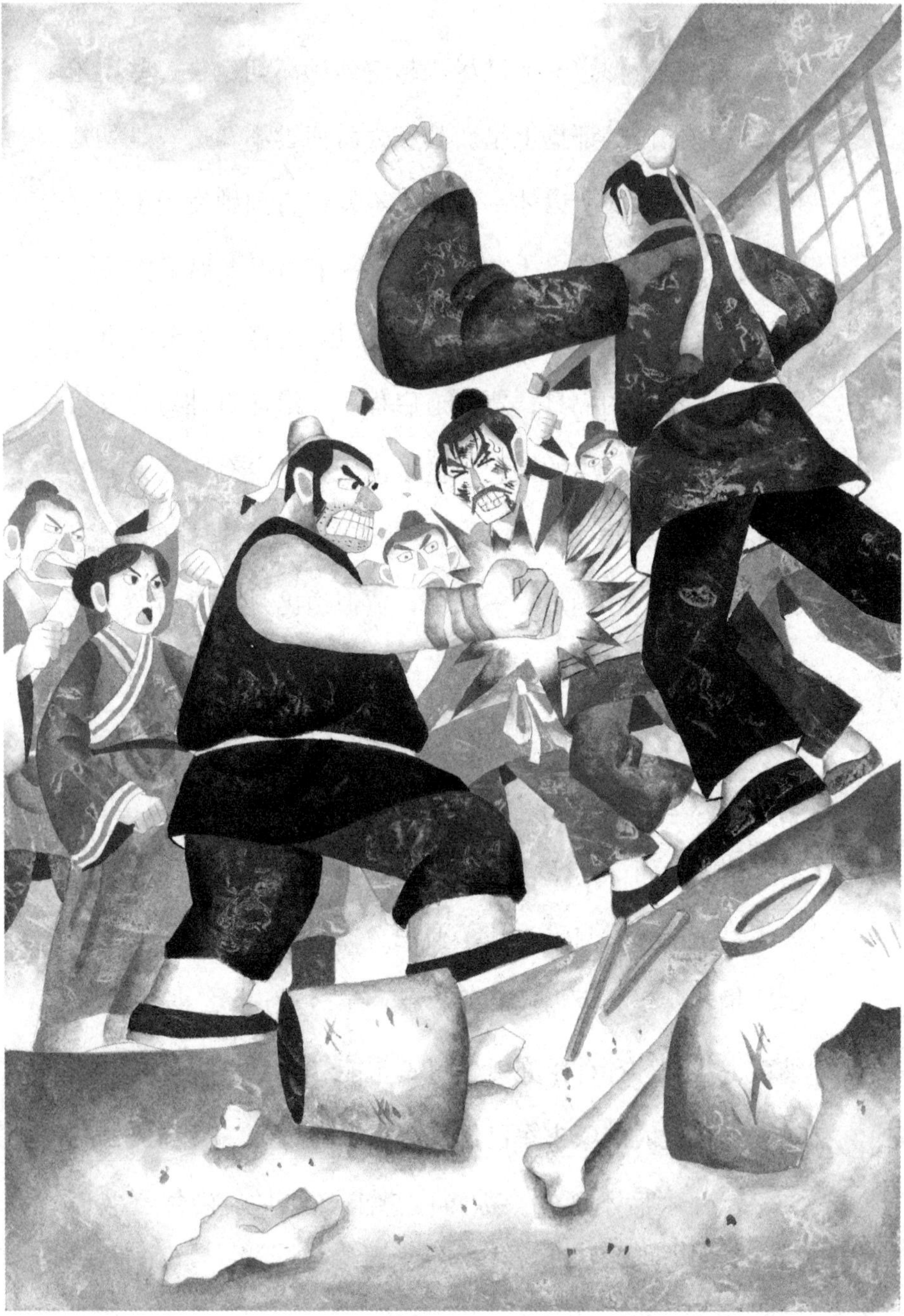

的丞相陈宜中却逃走了，此时有一人毛遂自荐："臣愿代替宰相至蒙古军营帐中议和。"这个人就是文天祥。太后喜出望外地说道："有文大人这样勇敢的忠臣，大宋还是有希望的。"她再次写了更卑微的书信，派文天祥至伯颜大营。

伯颜听到宋军又派人来议和，早已厌烦，正想挥手将使者赶走，手还在半空中呢，却见到一名身材魁梧、双目炯炯有神的使者，不似之前那些畏畏缩缩之辈，于是他转而严肃地问着："这次你们太后又提出什么条件？"

文天祥向前一步，用低沉的声音严词以对："蒙古若愿意和大宋和平相处，就请接受皇上岁币之议，并立刻北归，其后蒙古与宋永保安好，这才是两全其美的上策；若蒙军执意灭我宗社，那么我朝如此之大，胜负仍未可知呢！"

伯颜听完深感不可思议，怒道："你这是求和的态度吗？"

文天祥继续说道："我是奉了皇上之命来告知将军，如何才是上策。"

伯颜看着文天祥，敬佩之情油然而生。他知道文天祥并非泛泛之辈，一旦纵虎归山，只怕后患无穷，于是略沉吟一会儿，开口道："不知您姓名为何？"

文天祥朗声道："行不改名、坐不改姓，文天祥。"

"文大人，您真是一条铁铮铮的汉子，令在下十分佩服，我们蒙古人生性最佩服勇士了，就请您暂时在此作客，我想与您多谈谈、多请教呢！"于是，文天祥就被软禁在伯颜大营了。

蒙古军一出现在临安，南宋朝廷就陷入了恐慌。1276年正月，太后率领当时残存的大臣们与皇帝赵㬎出城迎接，并递上了降表，政权就这么交出去了。

忽必烈怜悯他们孤儿寡母，于是下令将恭帝赵㬎、太后送至北方，善加安抚，并给予优渥的生活环境，不加以伤害。

当时正是中午时分，临安大街上热热闹闹的。

"来啊！来啊！便宜的蔬菜啊！看看喔！"

"这位夫人请看看，这可是上等的玉佩呢！"

"娘，人家要吃这个！"

一切如常，没有人发觉其实南宋的命运已经悄悄结束了，街上的繁荣喧嚣与宫中的落寞冷清成了强烈的对比。

享年一百五十余年的南宋，落幕了！

最后交锋——崖山之役

却说正当太后向伯颜行大礼时，却另有一群人安静快速地行动着。陆秀夫等人护着赵家剩下的两位皇子逃出了临安。

而蒙军帐内，伯颜劝文天祥投降费尽了唇舌，文天祥不为所动。后来，干脆咬紧牙关，再不出一言。此事上报忽必烈后，忽必烈也十分佩服，下令将文天祥押至大都。然而行经镇江时，文天祥趁机脱逃了。

陆秀夫一行人到了蒙古军尚未入侵的福州，召集了当地的义勇之士加入抗元行动。1276年农历五月，拥立赵昰为端宗，改元景炎，不久文天祥亦来扶助，而后陆续退至广东，并由文天祥挂帅，与蒙古军发生了数场战役。

次年汀州失守，退至漳州，又败，逃至广东海丰附近，好不容易觅得了一隐秘处所。看看官民们连日赶路，兵疲马困，于是文天祥下令埋锅造饭，就在大家稍微松一口气之时，只听得一声："糟了！"文天祥跳起来大喊："快熄火，立刻熄火！"他一时疏忽，煮饭的炊烟泄漏了行踪。果然，脚步声四起，呐喊声让刚卸下装备的宋军们呆住了。经过一场激战，文天祥被蒙古军俘虏了。但忽必烈对文天祥十分敬重，不断劝降。最终，他被监禁九年之久才得以一死殉宋朝，全了他忠义的一生。

赵㬎一行人慌慌张张地逃至南海，却因旅途奔波、心情郁闷，小皇帝竟一命呜呼了！陆秀夫等人只得又拥立赵㬎胞弟——八岁的赵昺，并逃至崖山。

元朝大队水军已至，百来艘战舰团团围住崖山地区。危急之中，广东一带残存的南宋士兵集结成军，将所有战船以绳索相连，以此相互支持，没想到却犯了兵家大忌。几天后的一个深夜，宋营大亮，火光照亮了整个天际，原来蒙古军纵火，数十艘宋军战船被熊熊火焰无情烧着，吞噬了南宋最后的希望！

登时，又是一场恶战。陆秀夫知道大势已去，再无可图，就领着妻儿，抱着小皇帝赵昺，到了崖山一个僻静

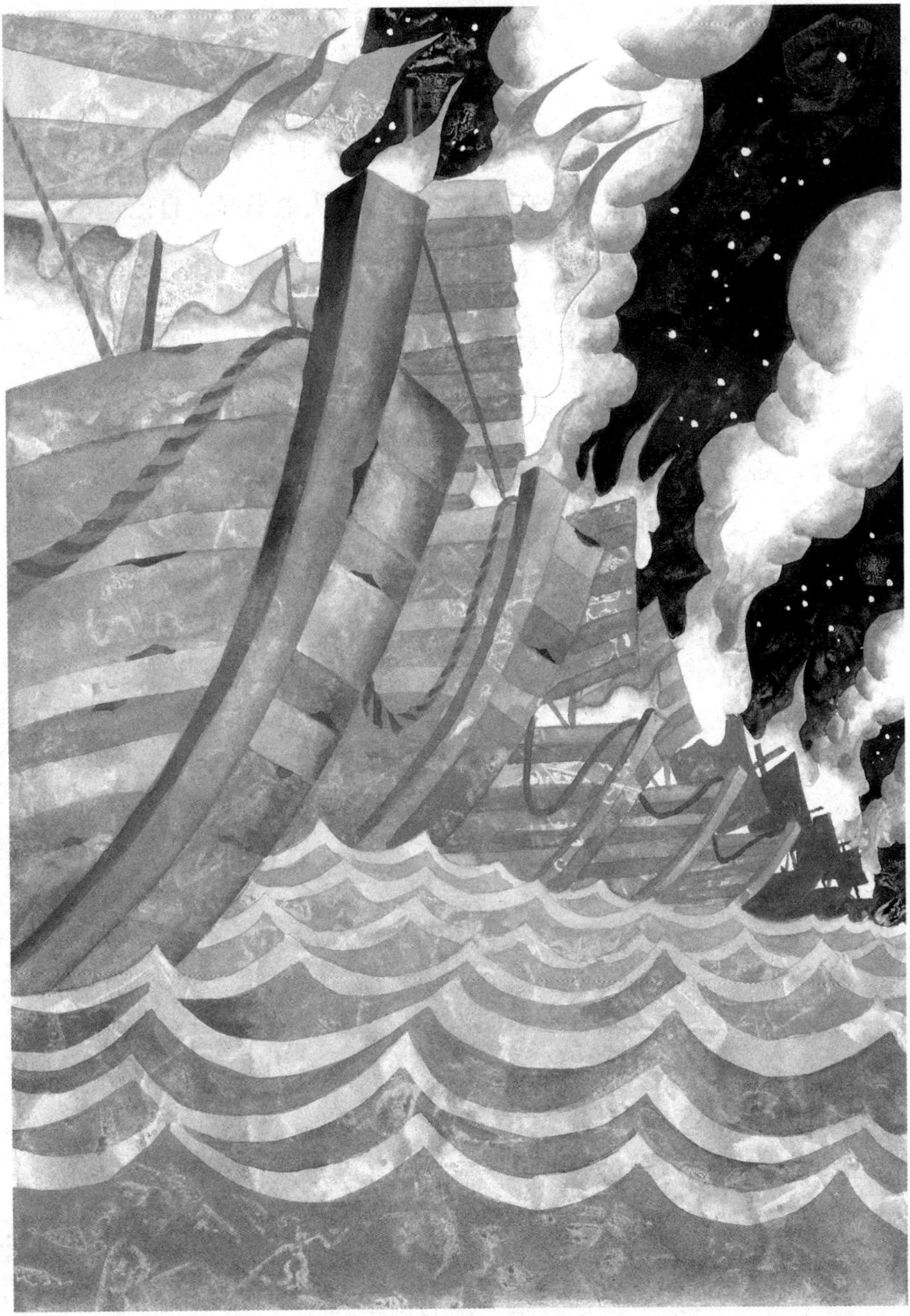

地点。

　　此时，呐喊声减少了。陆秀夫亲手将妻儿沉入了海底。接着，他让小皇帝在一块干净的石头上坐好，自己退后了两步，双膝一跪，对赵昺行了三跪九叩的君臣大礼，然后说道："国事已无可挽救，皇上当与大宋同生死。"他猛地站起，一把抱起赵昺，赵昺放声大哭，不停地挣扎着，陆秀夫柔声道："微臣陪您，请不要害怕，紧抓着微臣，一下子就结束了！"

　　"扑通"一声，一切就结束了！

　　1279年，南宋正式灭亡了。蒙古花了四十多年，历经四任大汗，才真正结束南宋政权。

4. 不肯歇息的马蹄

元朝的光明与黑暗

经过长久的征战，忽必烈终于一偿夙愿灭了南宋！

我们也终于有时间来说说元的制度了！

忽必烈对元的建设，从当初在开平即位时就积极展开了，到南宋灭亡，已经运作了十多年！

这些年来，他的确没有让汉人失望，在汉人学者的建议下，他推行了一系列的开国建制，而这一套汉人的政治制度，为元朝的未来奠定了良好的基础。

我们就一项一项地说明吧！

（1）元朝建立年号的第一人

"建立年号"是中国皇帝的大事，而从成吉思汗到蒙哥汗都不曾定年号，当忽必烈即位开平之时，始定年号为"中统"元年，而后改为"至元"，南宋亡国时已是至元十六年了。国号则采纳了刘秉忠的建议，名为"大元"，过去历代习惯都是由当初封邑之名为国号，但忽必烈以《易经》中"大哉乾元"的文义命名，说明了蒙古统治者接受中原的文化传统，以承继唐尧虞舜之绪而自居。

（2）建设宏伟的首都

1272年，元世祖忽必烈在燕京盖了豪华的新宫殿，正式以燕京为大都、开平为上都。并以上都为夏都，大都为冬都，皇帝春夏在夏都，秋冬在冬都。因此上都负责控制北方蒙古本土的政治中心，大都则控制南方中原本土，也是全国交通的中心。这就是忽必烈的"二元统治"。

（3）尊重不同宗教

蒙古在长期征战之中已深受宗教的影响，长生天的信仰对于蒙古人意义非凡。宗教与政治也是不可分的，因此，忽必烈深知要完成政治的统一就必须尊重宗教。所以忽必烈建立元朝后，对宗教采取放任的态度，而众多教派中以佛教的喇嘛教最受崇敬。

（4）扩大祀典

一直以来，蒙古的祭祀之礼仅仅是割牲肉、奠马乳，以蒙古的巫师祝祷致辞而已。到了忽必烈时期开始大大地重视祀典，并规定了各种祭祀的仪式规矩。

（5）创制蒙古文字

蒙古人本来只有语言而无文字，直到忽必烈尊吐蕃僧八思巴为国师，运用吐蕃文字另造蒙古新字一千多个，又由于受了汉人的影响，书写的格式乃采用直书。

（6）颁布"授时历"

忽必烈一统天下之后就改修历法，并设立专门的机构管理，于至元十七年颁行由许衡与郭敬守共同编定的"授时历"，这是唐宋以来最完善正确的历法。之后又经多次修订，到郭敬守修正完毕，据传八十几年间都不曾出错，可谓元朝一大事。

（7）建立农社制度

忽必烈即位后，他深深了解汉人的风土人情，所以不遗余力地提倡农业，制定了"农社制度"。这套制度相当周详，是一种国家监督下的农民社团组织，目的是振兴农田水利，使农民生活更加便利，同时也兼有政治、军事作用，能够清楚掌握人口的迁移、变动等。

（8）完成站赤制度

元朝赖以统治其庞大区域，保持全国政治、军事、经济与交通联系的就是"站赤制度"。蒙古人所谓的站赤制度其实就是驿站，它在中国由来已久，但到了元朝，忽必烈将其加以扩充。

（9）水利交通的开发

忽必烈时，水利交通的重要建设有两项：一为开运河，包括会通河以及通惠河的开辟，使南北运河全面开通，而江淮漕运可直达燕京；一为通海运，使海运于元朝正式成为国家的漕运航路。

这些重要制度，让忽必烈统治元朝之时，国家社会安定而繁盛。而忽必烈的生活呢？根据马可·波罗的记载就可清楚地知道了："宫里，大殿墙上披覆着金、银，并绘上龙、飞鸟与战斗的图画，到处都看得到黄金，屋顶闪着红、蓝、绿等颜色，光彩夺目，大殿的空间也足够容纳六千人用餐呢！"①

※　　　　※　　　　※

不过，这么多的制度推行下来，虽然使元朝上了轨道，可是这些都是需要花钱的，不断撒钱的结果，就是国库快要见底了！当时忽必烈身边的都是些讲仁义之道的学者，对于经济一无所知。

因此，病急乱投医的忽必烈开始重用阿合马。

阿合马是花剌子模人，是从察必娘家随着察必来到蒙古，一直在忽必烈府第担任总管，由于他勤奋卖力，很得忽必烈夫妻两人的信任。

就在忽必烈对于财政不知所措之时，阿合马适时地提出了许多建议，而获得了重用。不久，他就掌握财政权，

---

① 马可·波罗笔下的元朝——《马可·波罗游记》：马可·波罗是意大利威尼斯商人和探险家，1271年他随父亲来到中国，受到忽必烈的款待和信任，多次代表元朝出使其他国家。他留在中国达十七年，游遍了各地。回欧洲后，于1298年写下了他在东方的所见所闻，这就是著名的《马可·波罗游记》。书中有一部分专门叙述中国和忽必烈，盛赞元朝的繁荣富庶。这本书在欧洲广为流传，使西方人向往东方，并间接促进新航路的开辟。

并担任各路转运使。他主要有三项作为：其一，将冶铁权收为国有，百姓必须向政府买农具；其二，他改革了盐法，亦将盐的制作权收为国有，并禁止百姓制作私盐；第三，规划了各项财政的制度。而这些动作，替国家增加了许多财源，深得忽必烈之心！

不过，就在这过程中，阿合马却趁机中饱私囊，使得自己的财产以倍数增长，且盐、铁的改革虽然饱了国库，却饿坏了百姓，民怨四起、怨声载道。另外，他又借机排挤了廉希宪、姚枢等大臣，在皇上身边进了不少谗言，加上忽必烈对于汉人日渐厌烦，于是姚枢等人就被远调了。

正在混乱之时，太子真金介入，原本财政权是归太子管辖的，但长久以来他始终未有实权，而这次他决心铲除阿合马，于是有一天趁着忽必烈不在宫中时，安排侠士王著刺杀了阿合马。

王著曾说："我王著为天下除害，今天即使死了，将来必定会有人记下我的事迹。"就是这样的气魄让忽必烈觉醒了，并亲自到阿合马家中搜查。当他看到满屋子的金银珠宝时，他终于知道了自己的错误。最后，阿合马被公开戮尸。他的尸体被挖出来，拖行于市场上，忽必烈甚至放狗任意啃食。

不过，虽然忽必烈严惩了阿合马一伙人，但是治理国家还是需要很多钱的，因此在这之后，他仍然继续任用懂得攒钱的卢世荣、桑哥等人，而这样的贪污情形仍不断发生。

最深刻的悲痛

忽必烈统治的初期是元朝最为繁盛的时期！忽必烈是个认真的皇帝，忙到一个头两个大，公文奏折批改不完，还要解决阿合马的余党，但他最忧心的，却是钟爱的妻子察必！

察必生病了，且渐入膏肓，她知道时间到了，却放不下这个身为皇帝，却始终疼她、爱她、呵护她的丈夫。在忽必烈的怀中，她用最后的力气说着：

"大汗，我有两个要求，希望大汗能够答应！"

忽必烈摸摸察必消瘦的脸颊，说："你说吧，我什么都答应！你慢慢说，不急！"

"大汗！我要到长生天那儿去了，"她看着丈夫，笑着说，"这一切都是长生天的旨意，有了您的宠爱，这一生，我很快乐。所以，第一件事，请您答应我，不要悲伤。"

"……"忽必烈只是看着她，不肯说话。

"大汗！"

"……"他无奈地轻轻点了点头。

"第二件事情。大汗，您也渐渐老了，您的身体也不如年轻时，可是您还要处理许多的事情，这是我唯一放心不下的。所以，请您让南必来照顾您吧！"①

"不，"忽必烈用力握紧察必的手，"你是我此生永远的皇后！"

"大汗！谢谢您！不过，您需要人照顾，南必一定可以好好看顾您的，我相信她！大汗，不然我会无法安心的。请您答应吧！"

终于，拗不过爱妻的请求，忽必烈答应了。

察必笑开了。"谢谢您！"这是她留给忽必烈的最后一

---

① 南必是察必的远房侄女，察必特地将她带进宫来，就是希望自己身后，南必能代替她照顾忽必烈。忽必烈遵守了承诺，于1284年册封南必为皇后。

句话!

　　至元十八年（1281），察必死在忽必烈的怀中。这时，忽必烈已是六十余岁的垂垂老者了！丧妻之痛还没有过去，四年之后，察必的亲生儿子、忽必烈寄予厚望的接位太子真金在至元二十二年十二月，以四十三岁的壮年之身病死了。

　　依据忽必烈的朋友马可·波罗所说，忽必烈的四名皇后①生了二十二个儿子，而其他妃子一共生有二十五个儿子，因此，忽必烈总共有四十七个儿子！不过他最看重并视为接班人的就是真金。

　　接二连三的打击，一再重击着忽必烈，他老得更快了，身体也渐渐虚弱了！

　　此时，北方传来的消息，却让他没有时间悲伤……

再度披上战袍

　　天下大事，分久必合，合久必分，从成吉思汗统一蒙

---

① 蒙古的后妃制度：依照蒙古习俗，在后宫可以有四大斡耳朵，而四个斡耳朵的女主人都同时拥有着皇后的称号，不同于中原只能有一位皇后。

古，到忽必烈入主中原成为皇帝，中国南北进一步完成了统一，但故乡的蒙古人却因对忽必烈的亲汉人而不满，不断地犯边叛乱，许多小国纷纷独立，或者起而争夺汗位，吵得沸沸扬扬。忽必烈晚年只得再度披上战袍，面对亲族的挑战。

※　　　　※　　　　※

阿里不哥于1264年兵败被擒，忽必烈免幼弟一死，西部汗国有些从弟侄辈也向他表示名义上的归顺，但是侄子海都始终不肯承认忽必烈的地位，他在中亚纠集蒙古王子五十余人，与元军作战前后长达四十多年。

而1287年，成吉思汗四世孙乃颜又与他缔盟，在今日中国的东北向上都东西夹攻，一时情势严重。

忽必烈虽然已是垂垂老者，仍坚持御驾亲征。

世祖至元二十四年（1287年）六月，忽必烈前去征伐乃颜叛军。到达了撒儿都时，叛军将领正率领了六万精兵向世祖的驻地前进，准备进攻。此时，大臣们乱成一团，一方面忽必烈是远道而来征讨，军疲马困，战斗力不足；另一方面敌人对于当地的地形十分熟悉，且人数也是他们的数十倍。这样的情势下，将领们在帐中走来走去，抓耳挠腮，就是想不出个好方法来。这时，一名年轻将领走了出来。

"启禀皇上，小的有一计谋献上！"忽必烈向来喜欢聪明的谋士，赶紧从大位上起身，向前走去，亲手扶这位年轻将领站起身来："快说吧！"

"皇上是否知道'空城计'的故事？诸葛亮当年戍守的城中只剩下老弱残兵，无法战斗，但司马懿的军队又来到了城下，于是诸葛亮利用'空城计'，解决了眼前危机。当时诸葛亮的军队人数少、战斗力弱，与我们的情形相同，因此或许可以试试。"说罢，他的双眼炯炯有神地看着大汗，以表明自己的信心。

停了半响，忽必烈决定了："好，就这么办！"

忽必烈命人打开仪仗中的曲柄伞，使之高高地在空中飘动，自己则稳坐大位，让大将铁哥替自己斟酒，忽必烈不慌不忙地喝着美酒，一切显得有条不紊。敌军将领看了这景象，心中揣想着：四面一定埋伏着军队。于是笑了

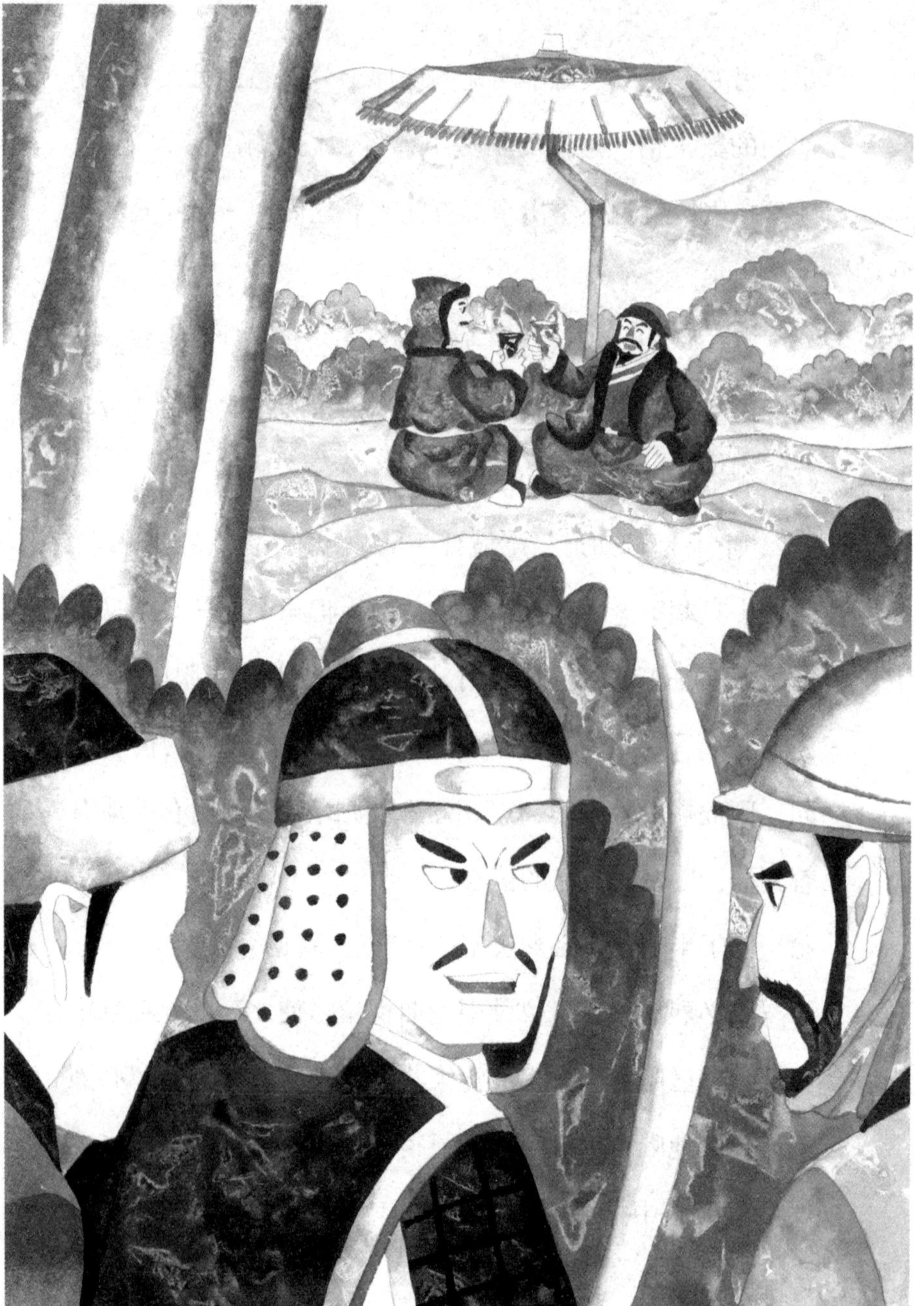

笑，得意地说："想骗我上当，没那么简单。"不久就带兵撤退了。

而忽必烈就趁此机会整军备战，很快就平定了乃颜的叛乱。不久，海都仍不死心，再度犯边，忽必烈再度亲征。

在内忧不断之时，忽必烈仍念念不忘祖父的话："还有许多地方等着我们去征讨。"于是他陆续降服了高丽，东征了日本，南征了安南、缅甸。

这时，忽必烈已经是个七旬老人了。与成吉思汗相同，征战是他一生的任务，虽然始终充满了雄心壮志，但是此后所有的对外征讨，几乎都是以失败收场。

而从不休息的大汗，也渐渐累了……

留与后人说

1294年，忽必烈在大都宫中驾崩了，他的遗体被盛大的车队运回坎提山，这里正是他祖父成吉思汗七十年前的长眠之地。依照蒙古的传统，当大汗的棺椁下葬之后，墓穴的所有出入口都将封闭，掩上沙土，一群忠心跟着忽

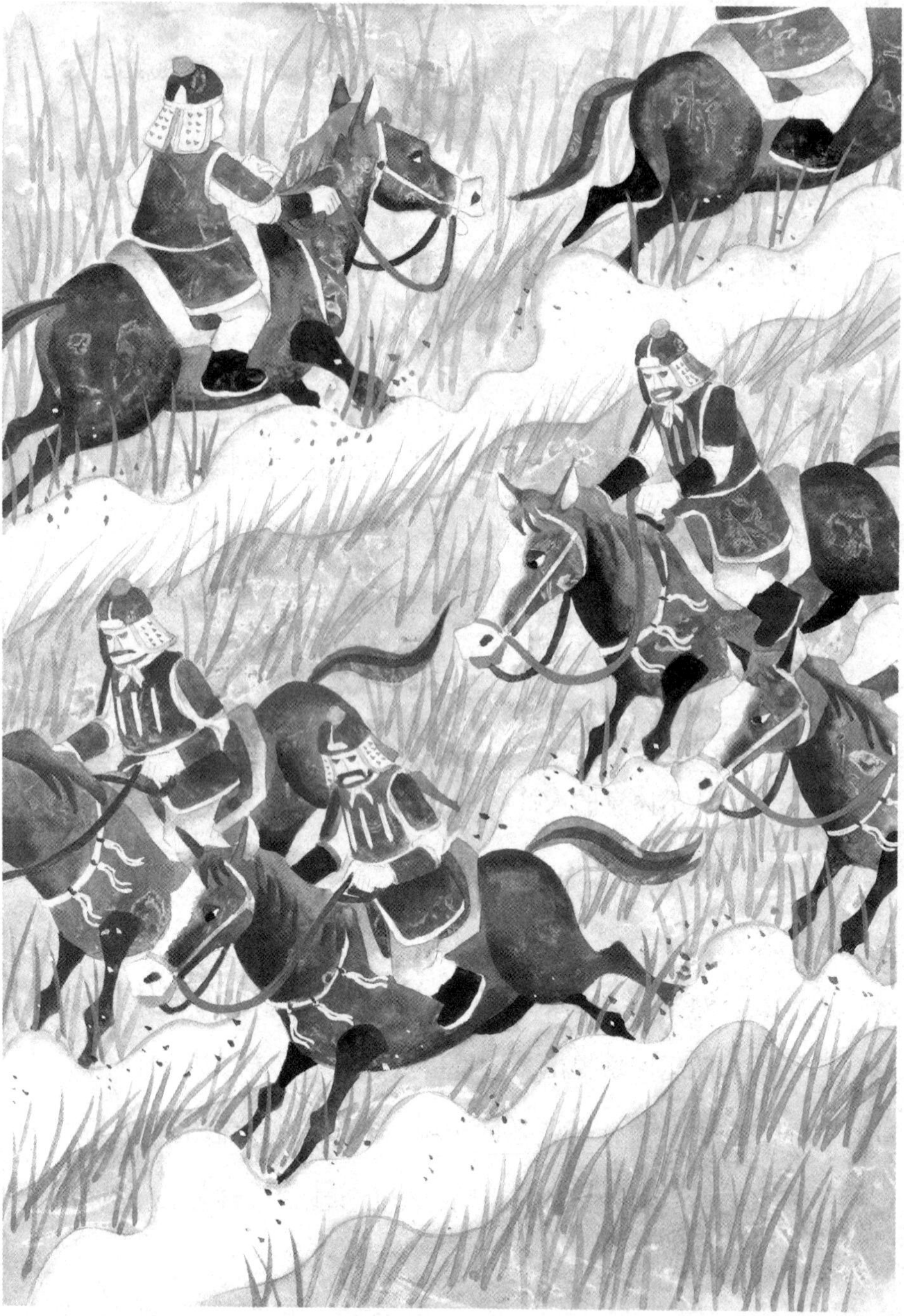

必烈的兵士骑着马，整齐而快速地在墓地上来回跑着。于是，地面上的一切痕迹都消失了。这位史上最大帝国的统治者，就这样长眠在蒙古大草原上，回到了他热爱的家乡。

忽必烈治下的元帝国是元朝最强盛的时期，然而却只有短短十九年！忽必烈大汗花费了一生的时间、用尽心力，就是为了取得汉地、治理汉地，但时间却如此短暂！他虽倾慕汉文化，但即使入主中原当了皇帝，每年仍会回到大草原上骑马奔驰。他也同样喜欢着草原生活！

他策马奔驰的一生，他矛盾于汉蒙之间的一生，他认真治国的一生，终于可以盖棺定论了：他是个成功的大汗吗？他是个尽责的皇帝吗？

嗒嗒的马蹄停下来了，大汗要休息了，一切的功过成败，就留与后人说吧。

忽必烈小档案

1215 年　出生。

1227 年　祖父成吉思汗去世。

1232 年　父拖雷病死。

1236 年　获得新州这块新土地。

1251 年　蒙哥即位，命令忽必烈总领漠南汉地军国庶事。

1259 年　南征鄂州（武昌）。农历七月，蒙哥病死于四川钓鱼城。十一月，忽必烈得知幼弟阿里不哥图谋自立为汗，急忙与南宋权相贾似道议和。

1260 年　三月，于开平召开忽里台大会，正式以大汗自称，并定为中统元年。同时，阿里不哥也在和林被推举为大汗。

1261 年　大破阿里不哥。

1262年　二月,李璮起兵叛乱,五个月后乱平。

1264年　迁都燕京,改名大都,并将年号改为至元。七月,阿里不哥投降。忽必烈召开忽里台大会处置阿里不哥及其乱党。

1267年　开始攻打襄阳、樊城。

1269年　命八思巴创制蒙古文字。

1271年　将蒙古国号改为"元"。

1272年　正式以燕京为大都、开平为上都。

1276年　文天祥以宋右丞相入元伯颜大营谈判,被扣留。元军攻陷临安,宋恭帝出降。

1279年　陆秀夫抱着南宋最后的皇帝赵昺投海自杀,南宋亡。

1280年　颁行由许衡与郭敬守共同编定的"授时历"。

1281年　皇后察必死。

1286年　太子真金病死。

1287年　乃颜叛变。忽必烈率军亲征。

1288年　海都叛变。

1289年　再次亲征海都。

1293年　打败海都。

1294年　辞世。